LE PETIT LIVRE
DES EXPÉRIENCES

LE PETIT LIVRE DES EXPÉRIENCES

Laure Roussel

CHÊNE

9e volume. N° 449 — 10 c. 13 Mars 1897.

Les Hommes d'Aujourd'hui

DESSIN DE A. ROBIDA
Texte de Ch. Mart

BUREAUX : Librairie VANIER, 19, quai Saint-Michel, PARIS

TOM TIT

SOMMAIRE

LE TOTON DESSINATEUR

Fixez un crin prés du bord d'un toton, de telle sorte que ce crin soit légèrement plus long que la pointe du toton. Noircissez le dos d'une assiette au-dessus d'une petite lampe à essence ou d'une bougie, et faites tourner votre toton sur la partie noircie, en inclinant un peu l'assiette. Le crin tracera, sur l'assiette, des courbes trés curieuses, marquées en blanc sur fond noir et permettant, par leur nombre, de compter combien le toton aura fait de tours.

TOM TIT.

TOM TIT, LE ROI DES EXPÉRIENCES

De la ficelle, du papier, des œufs, de la bougie, des allumettes… ces objets du quotidien sont simples, mais permettent de réaliser de nombreuses expériences scientifiques, ludiques et amusantes. L'ingénieur des Arts et Manufactures (Paris) et écrivain français Arthur Good (1853-1928) l'avait compris. Dès la fin des années 1880, il propose de petits tours basés sur des principes physiques divers et variés, dans les pages de l'hebdomadaire *L'Illustration*. Sa rubrique s'appelle « La Science amusante ». Sous le pseudonyme de Tom Tit, il décrit pas à pas la préparation de l'expérience, puis décrypte simplement les mécanismes mis en jeu : propriétés des corps solides, liquides ou gazeux, phénomènes d'optique ou électriques, ou encore théorèmes mathématiques. Sur un ton léger, l'auteur s'amuse à énoncer aux lecteurs ces petits tours de magie qui feront sans nul doute sensation. Il écrit également de nombreux articles de vulgarisation scientifiques dans *La Nature* et *L'Illustration*. Toutes les expériences de « La Science amusante » sont accompagnées d'une ou deux gravures en noir et blanc. Ces œuvres du graveur et vulgarisateur scientifique Louis Poyet (1846-1913) décrivent avec clarté et précision l'expérience à réaliser. L'artiste utilise la technique dite de gravure sur bois de bout, inventée au début du XIXe siècle sur du bois dur comme le buis. Elle permit de mélanger sur une même page des images et du texte, et d'impulser l'essor de la presse illustrée. Louis Poyet est reconnu pour ses remarquables représentations de machines industrielles de 1873 à 1910 environ, publiées dans de nombreuses revues de l'époque : *La Nature, The Engineer, Le Génie civil*, ainsi que dans des catalogues industriels et de grandes expositions.

« La Science amusante » : un succès

La rubrique « Science amusante » est très appréciée de ses lecteurs, grands comme petits. Fort de son succès, Arthur Good publie en janvier 1890 aux Éditions Larousse un recueil de 100 expériences déjà parues, accompagnées de 115 gravures de Louis Poyet, sous le titre de *La Science amusante par Tom Tit de l'Illustration*. C'est un livre familial destiné à distraire parents et enfants, mais aussi un ouvrage scientifique pour initier à la physique. L'auteur le dédie à son fils Jean en « souvenir des moments heureux que nous avons passés ensemble à essayer les expériences et à construire les appareils décrits dans la Science amusante ». La seconde parution rassemblant 106 expériences et 150 gravures est publiée en janvier 1892 sous le titre de *La Science amusante 2e série. Cent nouvelles expériences par Tom Tit*. Elle fut plébiscitée autant que la première. En quatre ans, 40 000 exemplaires des deux premiers opus ont ainsi été écoulés et traduits en huit langues : allemand, anglais, danois, espagnol, grec, hollandais, italien et tchèque. En décembre 1893, Arthur Good publie la troisième et dernière série de 100 expériences et 118 gravures, toujours chez le même éditeur.

Ce nouvel ouvrage s'intitule *La Science amusante 3e série, TomTit, 100 nouvelles expériences*. La trilogie a été récompensée par une médaille d'honneur de la Société d'Encouragement au Bien (SAEB). Larousse a par ailleurs sans cesse réédité les trois séries : celles datant de 1995 correspondent ainsi à la cinquante-neuvième édition de la 1re série, la trente-deuxième de la 2e série et la quinzième de la 3e série.

Arthur Good, un auteur pour littérature enfantine

Suite au succès de la *Science amusante*, Arthur Good a publié en janvier 1894, sous le même pseudonyme, *Pour amuser les petits, ou les Joujoux que l'on peut faire soi-même*, aux Éditions Plon-Nourrit. Dédicacé à ses quatre enfants, Jean, Marguerite, Suzanne et Jenny, l'ouvrage est illustré de dessins en couleur réalisés par l'auteur lui-même. Arthur Good y propose de nombreuses idées de jouets à base d'objets ou de matériaux usuels, tels que des bouchons, des noisettes, des pailles, du roseau, de la mie de pain... Il y présente les outils indispensables à la réalisation des « joujoux », dont les deux principaux sont un couteau et une paire de ciseaux. Puis, en janvier 1903, *La Récréation en famille* par Tom Tit paraît à la Librairie Armand Colin. Parmi les 73 expériences proposées, certaines sont reprises de *La Science amusante*. La presse parisienne de l'époque surnomme alors Tom Tit le « charmeur d'enfants ». En 1906, il publiera encore *Les Bons Jeudis*, un recueil de travaux manuels, attrapes et devinettes, escamotages et exhibitions fantaisies chez Vuibert

ENLEVER UNE ASSIETTE AVEC UN RADIS

Coupez en travers un gros radis, évidez légèrement l'intérieur dans la partie située du côté de la queue effilée. Frottez-le sur votre assiette en y appliquant fortement cette partie qui formera ventouse, puis tirez verticalement sur la queue du radis ; vous enlèverez en même temps votre assiette, le radis fonctionnant comme l'appareil appelé **tire-pavé.**

TOM TIT.

et Nony, et enfin, en août 1924, *Joujoux en papier*, consacré à des pliages en tous genres tels que les origamis, et publié par son ami éditeur Paul Le Chevalier.

Tom Tit en chromo

Dès le début du XXe siècle, plusieurs distributeurs alimentaires ont repris les expériences de Tom Tit sur les fameuses cartes à collectionner en carton épais, mesurant 6,5 sur 10,5 cm environ. Les textes de l'auteur sont alors raccourcis, simplifiés et soigneusement illustrés de chromolithographies mettant en scène des enfants réalisant les expériences. La chromolithographie, ou chromo, est une technique d'impression basée sur la quadrichromie (cyan, magenta, jaune et noir). Aujourd'hui, les techniques d'impression utilisent toujours ces quatre couleurs, qui permettent d'obtenir tout l'éventail des teintes et nuances possibles. Dans les années 1900-1930, l'imprimeur parisien J. Minot a ainsi imprimé de nombreuses chromos à partir des expériences d'Arthur Good. On retrouve des cartes de Tom Tit estampillées Chocolat Félix Potin, Chocolat Révillon, Chocolat Guérin-Boutrot..., aujourd'hui recherchées par les collectionneurs. Ce sont ces chromos qui illustrent cet ouvrage, accompagnées d'une explication du phénomène scientifique à la base de l'expérience proposée par Tom Tit.

LE PAPIER ÉLECTRISÉ

L'électricité statique

Faire tomber une canne en équilibre sur une chaise sans rien toucher, c'est possible avec une simple carte postale savamment électrisée. Explications. Des milliers d'atomes constituent chaque objet. Chacun d'eux est composé d'un noyau chargé positivement, autour duquel tournent des électrons chargés négativement et qui le neutralisent. Lorsque l'on frotte énergiquement deux objets non métalliques l'un contre l'autre, et qu'on les sépare rapidement, on crée alors de l'électricité statique. Durant ce frottement, un déséquilibre de charges se forme entre les deux éléments, car l'un a attiré à lui les électrons de l'autre et s'est chargé négativement. En dehors de la composition des objets, ce transfert de charges augmente avec la température, l'humidité et la vitesse de séparation. Après avoir chargé la carte postale, en la frottant à un vêtement par exemple, il suffit alors de l'approcher délicatement de la canne en équilibre. Tel l'aimant avec le fer, elle l'attire, et la canne finit par tomber. Habituellement, les charges s'équilibrent en douceur, puis l'électricité statique disparaît. Mais la décharge peut aussi survenir très brutalement. Un bruit sec dû à la libération de l'énergie électrique la signale. Il correspond au réchauffement local de l'air par une étincelle. C'est le fameux « coup de jus » qui se produit lors d'une bise par exemple.

LE PAPIER ÉLECTRISÉ

Par un temps sec, frottez avec une brosse ou avec la main un morceau de papier léger, chauffé devant le feu, et posé sur la table ; en l'enlevant de la table, vous voyez que ce papier est électrisé ; il se colle à votre main, à votre figure, à votre habit, comme s'il était enduit de colle. Electrisez de même une carte postale et elle attirera des objets légers : morceaux de bouchons, barbes de plumes, etc. Placez une canne en équilibre sur le dossier rond d'une chaise et annoncez que vous allez la faire tomber sans y toucher. Il suffit pour cela d'approcher de l'un des bouts votre carte postale électrisée, ce bout est attiré et la canne tombe par terre. **TOM TIT.**

LE VERRE ENLEVÉ AVEC LA MAIN OUVERTE

L'effet ventouse

L'air ambiant, ou l'atmosphère, exerce constamment une pression sur nous et tous les objets qui nous entourent. Cette pression correspond à une force appliquée par unité de surface. Elle est approximativement de 1 kg/cm^2 ou de 1 bar, ou encore de 1 atm (pour « atmosphère normale »). À aucun moment nous ne nous sentons écrasés, car la pression intérieure de notre corps est en équilibre avec son environnement. Toutefois, nous percevons les variations de la pression extérieure lorsqu'il y a du vent par exemple. Revenons à l'expérience. Pour soulever le verre avec la paume de la main, la pression à l'intérieur du verre doit être plus faible qu'en dehors. Il faut donc créer une dépression pour « faire le vide », comme avec une ventouse, en repliant fermement les doigts sur le verre, puis en les relâchant, d'un coup sec, tout en laissant la paume coller sur le rebord. L'élasticité de la main permet de chasser un peu d'air quand les doigts se tendent : la pression intérieure devient plus faible et la main « colle » au verre. Le maintien de l'étanchéité est indispensable, et l'effet ventouse ne fonctionne pas sur une surface trop rugueuse qui permet les échanges d'air. Une seule petite fuite rétablit l'équilibre des pressions entre l'intérieur et l'extérieur : l'adhésion est perdue et le verre tombe, laissant la trace de son contour sur la paume.

LE VERRE ENLEVÉ AVEC LA MAIN OUVERTE

Posez votre verre sur une table et appliquez sur l'orifice la paume de votre main, en l'y appuyant bien, les quatre doigts repliés en bas à angle droit. Si maintenant vous relevez brusquement ces quatre doigts, de manière à avoir la main bien ouverte, vous sentez que le verre, par suite du vide partiel que vous y avez produit, adhère à votre main comme une ventouse ; vous l'enlevez ainsi de la table avec votre main ouverte, au grand étonnement des spectateurs.

TOM TIT.

LES LIQUIDES SUPERPOSÉS

La densité

La densité d'un liquide correspond au rapport de sa masse volumique sur la masse volumique de référence, qui est celle de l'eau – un litre d'eau, à 4 °C, pèse exactement un kilogramme. La masse volumique dépend de la composition et de l'arrangement des molécules constituant le liquide. Plus les molécules sont grosses et nombreuses pour un même volume de liquide, plus elle sera élevée, et donc supérieure à celle de l'eau. La densité sera alors supérieure à 1. À l'inverse, plus les molécules d'un liquide seront petites et peu nombreuses pour un même volume, plus elle sera faible. La densité du liquide sera alors inférieure à 1. Pour obtenir une superposition de cinq liquides différents, il faut donc les ajouter du plus dense (le plus lourd à volume équivalent) au moins dense (le plus léger à volume équivalent). Dans cette expérience, le café froid très sucré peut atteindre une densité de 1,05. L'eau claire a une densité égale à 1 environ, le vin rouge à 0,99, l'huile d'olive à 0,92 et l'esprit de vin (sorte d'éthanol) à 0,87. Bien entendu, il ne faut surtout pas secouer le verre et il convient d'ajouter très lentement les liquides les uns au-dessus des autres. Le moindre mouvement brusque risque de les mélanger et d'aboutir à un dégradé au lieu d'une superposition.

LES LIQUIDES SUPERPOSÉS

Versez, au fond d'une flûte à champagne, un peu de café froid et très sucré. Avec un cornet de papier dont la pointe sera repliée à angle droit et se terminant par un petit trou, versez, le long du bord intérieur du verre, les liquides suivants : de l'eau claire, du vin rouge, de l'huile et enfin de l'esprit de vin. Vous aurez ainsi cinq liquides de densités décroissantes, qui resteront superposés dans le verre sans se mélanger entre eux.

TOM TIT.

LE BALLON FIDÈLE

Le déplacement d'air

Dans cette expérience, la jeune fille est poursuivie par un ballon de baudruche, sans qu'elle ne le tienne par une quelconque ficelle. Ce miracle n'est possible qu'avec un ballon légèrement dégonflé, plus réceptif aux mouvements de l'air. Il suffit à la jeune fille de se déplacer rapidement pour que le ballon bouge. Le mouvement de son corps vers l'avant entraîne en effet un brusque déplacement de l'air : se trouvant devant le corps en mouvement, l'air est « poussé » sur les côtés, et comme le corps a avancé, il laisse un « vide » temporaire derrière lui. Plus le déplacement du corps est rapide, plus le vide aspire facilement le ballon. Voilà comment il la suivra à la trace dans toute la maison tant qu'elle ne diminuera pas la cadence.

LE BALLON FIDÈLE

Ne jetez pas, Mademoiselle, votre petit ballon lorsqu'il est dégonflé. Il va nous servir pour le jeu du ballon fidèle. Mettez-le sur le bord d'une table, sur une chaise ou sur le plancher, puis éloignez-vous de lui en courant, passez d'une chambre à l'autre, traversez les corridors, descendez l'escalier ; en vous retournant, vous constatez que le ballon vous a suivie comme un bon chien suit son maître, et cela par suite du déplacement de l'air causé par vos jupons.

TOM TIT.

LA FORCE CENTRIFUGE

La force centrifuge

Faire tourner un verre plein sans laisser s'échapper une seule goutte est possible grâce à la force centrifuge. C'est elle qui nous entraîne à gauche dans une voiture qui braque fortement sur la droite par exemple. Elle semble nous porter vers l'extérieur du demi-cercle décrit par l'engin. Elle s'exerce sur tous les corps (humain ou objet) soumis à un mouvement non rectiligne, c'est-à-dire qui ne se dirige pas en ligne droite. Par ailleurs, elle s'accroît plus la courbe est importante, car elle nous pousse à continuer tout droit, alors que nous tournons. Dans cette expérience, la force centrifuge maintient le liquide dans le verre en position horizontale si le mouvement de rotation du bras est assez rapide. Mais si nous allons trop lentement, elle ne sera pas assez importante et le liquide s'écoulera. La force centrifuge est utilisée au quotidien. Ainsi dans une machine à laver, elle presse le linge contre les parois du tambour qui laisse l'eau s'échapper.

LA FORCE CENTRIFUGE

Commencez avec de l'eau au lieu de vin et avec une timbale au lieu d'un verre, si vous n'êtes pas aussi fort que l'ami Pierrot. Le verre d'eau (ou la timbale) étant posé sur le bord de la table, il s'agit de le prendre avec la main, de lui faire décrire en l'air un cercle complet et de le reposer sur la table sans qu'il ait perdu une goutte d'eau. Pour cela, au lieu de prendre le verre comme si vous vouliez boire, on le saisit avec la main renversée, la paume de la main tournée en haut. Faites-lui alors décrire un cercle au bout de votre bras ; la force centrifuge empêchera qu'une seule goutte d'eau ne s'en échappe.

TOM TIT.

LE DRAPEAU NATIONAL

Le phénomène de rémanence

Cette expérience de magie obéit aux lois de la physique et plus particulièrement à celles de l'optique. Lorsque l'on fixe longtemps une image colorée, nos photorécepteurs, cellules nerveuses de la rétine, saturent. Puis si l'on porte le regard sur une surface blanche, la rétine nous fait voir d'autres couleurs. C'est la rémanence. En général, un phénomène est dit rémanent lorsqu'il perdure dans le temps, bien que la source du stimulus ait disparu. En optique, la rémanence correspond à la subsistance d'une image sur la rétine après que le stimulus visuel, ici les bandes de couleurs orange, noir et vert, a été caché. Cette image apparaît dans les couleurs complémentaires de celles d'origine. Précision : deux couleurs sont dites complémentaires quand, mélangées l'une à l'autre, elles produisent un gris neutre, c'est-à-dire sans perception de couleur. Dans cette expérience, l'orange, le noir et le vert ont donc été choisis pour obtenir le drapeau français, car ce sont les couleurs complémentaires du bleu, du blanc et du rouge. Bien sûr, on peut réaliser la même opération avec un autre drapeau que celui de la France, sous réserve de connaître la palette des couples de couleurs complémentaires.

LE DRAPEAU NATIONAL

Regardez fixement, pendant quelques instants et sans cligner les yeux, la feuille de carton où sont peintes les 3 bandes : orange, noire et verte ; alors l'opérateur fait tomber devant, un carton blanc que vous continuez à fixer sans bouger les yeux ; vous voyez se peindre sur le carton un drapeau tricolore, bleu, blanc et rouge.

TOM TIT.

FAIRE BOUILLIR DE L'EAU EN SOUFFLANT DESSUS

L'ébullition

Dans cette expérience, il est d'abord nécessaire de faire bouillir l'eau douce du flacon dans une casserole d'eau salée. La seconde bouillant à 109 °C, elle permet à la première d'atteindre plus rapidement 100 °C. Si l'on utilisait simplement de l'eau du robinet, comme pour un bain-marie, l'eau du flacon parviendrait trop lentement à ébullition. Dès qu'elle bout, il faut immédiatement fermer le flacon avec un bouchon scellé hermétiquement, afin de maintenir une totale étanchéité. Les échanges d'air ou de liquide avec l'extérieur sont donc impossibles. La température de l'eau du flacon baisse ensuite lentement, créant un vide, car les molécules d'eau refroidies prennent moins de place que lorsqu'elles sont agitées pendant l'ébullition. On peut alors réaliser une petite expérience : en secouant le flacon, on entendra un son qui rappelle celui d'un coup de marteau, car l'eau se comporte comme si elle était solide. Reste à expliquer pourquoi, lorsque le flacon est en contact avec de l'eau froide ou un souffle, son contenu se met miraculeusement à bouillir. En réalité, le vide contenu à l'intérieur permet de faire bouillir l'eau à basse température. Ce phénomène se vérifie en altitude, où la pression est plus faible. Ainsi au sommet du mont Blanc, l'eau bout à seulement 85 °C. En revanche, elle cuira beaucoup moins bien les pâtes.

FAIRE BOUILLIR DE L'EAU EN SOUFFLANT DESSUS.

Faites chauffer, dans une casserolle d'eau salée, un petit flacon rempli d'eau aux trois-quarts, jusqu'à ce que l'eau du flacon bouille. Rebouchez-le vivement avec un bouchon à émeri ou ordinaire, retirez-le de la casserolle et enduisez de cire le tour du bouchon. La vapeur d'eau se condense dans le flacon et y produit un certain vide. Au bout d'un moment, bien que l'eau du flacon ait cessé de bouillir, versez dessus de l'eau froide, et l'eau se mettra à bouillir de nouveau, de même que si vous soufflez sur le flacon avec un brin de paille.

TOM TIT.

LA SURFACE DE LA SPHÈRE

La sphère

On a tous appris à l'école que la surface d'un disque est égale à π (d'une valeur de 3,14 environ) multiplié par son rayon au carré ($S = \pi \times r^2$). Celle d'une sphère est quatre fois plus grande ($S = 4\pi \times r^2$). Pour ces deux objets, le rayon correspond à la distance (ou segment) qui sépare leur centre avec n'importe quel point situé à leur circonférence. Cette expérience permet de démontrer cette proportionnalité de quatre entre les deux surfaces, avec deux clous, un disque, une demi-sphère et une cordelette. Il faut préalablement planter un premier clou au centre de la demi-sphère et un second à son sommet. Parallèlement, enrouler la cordelette en spirale sur la surface du disque autour du clou, puis mesurer sa longueur pour le couvrir totalement. Reproduire ensuite la même expérience avec la demi-sphère : recouvrir à partir du clou l'intégralité de sa surface avec la cordelette, et la mesurer. On constatera que la longueur de la cordelette couvrant la demi-sphère est deux fois plus grande que celle qui recouvre le disque. Pour couvrir une sphère entière, il faudra donc quatre fois plus de cordelette que pour le disque, démontrant ainsi que la surface d'une sphère équivaut à celle de quatre disques de même rayon qu'elle.

LA SURFACE DE LA SPHÈRE

Enroulez en spirale une corde autour de chaque clou ; la corde qui a couvert la surface de la demi-boule sera deux fois plus longue que celle qui a recouvert le grand cercle. Elle serait 4 fois plus longue pour la surface totale ; la surface de la sphère est donc égale à celle de 4 grands cercles.

TOM TIT.

LE JET D'EAU DANS LE VIDE

La loi de Charles

Dans cette expérience, l'eau contenue dans la petite bouteille s'échappe par la paille pour combler un vide créé dans le grand bocal retourné. Ce phénomène s'explique par la loi de Charles, énoncée par un physicien français du XVIIIe siècle. La loi stipule qu'à pression constante, le volume occupé par une certaine quantité de gaz varie en fonction de sa température. Lorsque la température d'un gaz diminue, son volume diminue proportionnellement, et vice-versa. Pour réaliser cette expérience, il est donc nécessaire de chauffer l'intérieur d'un grand bocal naturellement rempli d'air puis de le retourner afin d'enfermer la bouteille remplie d'eau. Les buvards humidifiés placés en dessous évitent que l'air chauffé ne s'échappe dans la pièce. Au cours de l'opération, l'air contenu dans le bocal refroidit et se contracte, créant ainsi un vide qui suffit à « attirer » l'eau dans le grand bocal par la paille.

LE JET D'EAU DANS LE VIDE

Remplissez d'eau aux trois-quarts un petit flacon ; fermez-le avec un bouchon traversé par un petit brin de paille ou d'herbe creuse, qui plonge presque jusqu'au fond. Mettez ce flacon sur une feuille de papier buvard mouillé, posée dans une assiette ; coiffez-le avec un bocal de verre renversé, dont vous venez de chauffer l'intérieur au-dessus de la flamme d'une bougie. Appliquez fortement le bord du bocal sur le papier buvard, et vous verrez un joli jet d'eau sortir du petit flacon par le tuyau de paille.

TOM TIT.

COUPER DU VERRE AVEC DES CISEAUX

L'absorption des vibrations

Des ciseaux coupent aisément du papier en ligne droite. En revanche, c'est une toute autre histoire avec du verre : il se fendille, se casse, et jamais en ligne droite. En effet, c'est un matériau dit amorphe, ou non cristallin, c'est-à-dire que ses molécules ne sont pas ordonnées, contrairement à un cristal, dont les molécules s'empilent de façon géométrique. Aussi lorsque l'on essaie de découper du verre, la cassure suit un chemin totalement aléatoire et dépendant de chaque pièce. Pour réaliser de beaux vitraux maison avec des morceaux de verre taillés sur mesure, il existe toutefois une astuce. Il faut immerger la plaque en verre, les ciseaux et ses mains dans une bassine remplie d'eau. Il sera ensuite aussi facile de la couper que du papier épais, en ligne droite ou courbée, sans aucun fendillement, ni cassures. Explication : l'eau amortit les vibrations provoquées par la coupe. Attention, si l'on sort de l'eau ne serait-ce que d'un centimètre les ciseaux, les vibrations produites suffisent à empêcher le bon déroulement de l'expérience. Il existe une autre façon de découper une fine plaque de verre avec des ciseaux, en la recouvrant totalement de bandelettes de ruban adhésif dans tous les sens. Cette pellicule de ruban devrait amortir suffisamment les vibrations pour permettre de la découper à façon. La première solution est cependant la plus sûre.

COUPER DU VERRE AVEC DES CISEAUX

Prenez de forts ciseaux et une plaque de verre mince ; plongez dans un seau d'eau le verre, les ciseaux et les mains, et vous verrez que vous pouvez ainsi couper le verre, comme du carton, sans qu'il se fende ni se casse ; cela tient à ce que l'eau a amorti les vibrations des ciseaux et de la plaque de verre. TOM TIT.

PESER UNE LETTRE AVEC UN MANCHE À BALAI

Le principe d'Archimède

La fabrication d'une balance avec un manche à balai en bois, de préférence vernis pour éviter qu'il ne se gorge d'eau, est très simple. Il suffit de couper 30 cm du manche, puis de le lester avec un poids pour que les deux tiers plongent dans l'eau du grand bocal. Le morceau de manche flotte alors verticalement. Une carte de visite clouée au bout émergeant fera office de plateau. Pour vérifier le poids d'une lettre de 20 g sur cette balance de fortune, il faut déposer deux pièces de 10 cents d'euros et trois de 5 cents, soit un poids total de 19,9 g. Précision : avec les pièces actuelles, il n'est pas possible d'obtenir le poids exact de 20 g pour le tarif normal des timbres Poste, car une pièce de 10 cents pèse 4,1 g et celle de 5 cents, 3,9 g. Vient alors le moment de marquer d'un trait le manche à balai à fleur d'eau, pour servir de graduation. En remplaçant ces cinq pièces par une seule de 1 € et cinq de 2 €, on obtient une graduation de 50 g. Le pèse-lettre est maintenant prêt. On peut alors placer la lettre sur la carte de visite. Si le trait de 20 g reste au-dessus du niveau de l'eau, on peut affranchir la lettre au tarif normal en vigueur. Mais si le niveau de l'eau se retrouve entre les traits de 20 et 50 g, ou au-dessus du second, il faut alors se rendre au bureau de poste pour adapter le tarif d'affranchissement.

PESER UNE LETTRE AVEC UN MANCHE A BALAI

Coupez un bout de manche à balai de 30 c. de longueur et plongez-le dans l'eau d'un bocal après l'avoir lesté avec un objet lourd à sa partie inférieure, de façon à ce qu'il flotte verticalement. Fixez en haut une carte de visite avec un petit clou, cette carte sera le plateau de la balance ; mettez-y 3 pièces de 5 cent., représentant un poids de 15 gr.; marquez d'un trait au crayon la ligne séparant la partie sèche de la partie mouillée. Pour peser votre lettre, enlevez les 3 sous et mettez la lettre sur le plateau ; si le trait reste au-dessus de l'eau, la lettre pèse moins de 15 gr. et un timbre de 0.15 suffira ; si la ligne de crayon est mouillée il faudra mettre deux timbres car le port est double.

TOM TIT.

LA GLACE DÉPOLIE

La réflexion

Pour dessiner de jolies enseignes sur un miroir, il suffit de prendre une tranche de 1 cm d'épaisseur environ découpée dans un pain de savon. La mince couche de savon laissée sur la glace donnera l'illusion d'un verre dépoli, un verre non transparent. En regardant de biais, les inscriptions ressortiront comme si elles étaient en relief, comme découpées dans une épaisse plaque de cristal. Le savon empêchant les rayons lumineux de se réfléchir dans le miroir, on aura en effet une impression d'épaisseur ou de profondeur. Cette expérience ne fonctionne que sur un miroir, car il présente une surface polie, nécessaire à la formation d'une image par réflexion. Les premiers miroirs étaient de simples plaques de métal, polies jusqu'à devenir assez réfléchissantes. Ils ont ensuite été remplacés par des plaques de verre recouvertes d'un amalgame de plomb et d'étain. Cette couche de métal s'appelle le tain. Aujourd'hui, cette surface réfléchissante est souvent constituée d'une couche d'aluminium et d'une autre de cuivre ou de plomb. Lorsque l'on parle d'une glace sans tain, on désigne un miroir recouvert d'une couche de métal semi-réfléchissante, permettant d'observer sans être vu. On l'utilise souvent dans les films d'espionnage.

LA GLACE DÉPOLIE

Coupez, dans un pain de savon de Marseille, une bande de 1 centimètre d'épaisseur environ. Ecrivez, sur une glace, avec ce savon ainsi taillé, et vous aurez des lettres imitant celles que l'on grave sur le verre, le blanc du savon imitant le verre dépoli. De plus, la réflexion des lettres dans la glace nous les fait voir non plus comme une mince pellicule, mais avec une certaine épaisseur, comme s'il s'agissait de lettres découpées dans du cristal épais.

TOM TIT.

LES BULLES DE SAVON FAITES AVEC LA MAIN

La bulle de savon

Cette petite expérience montre avec quelle facilité l'on peut faire une bulle de savon sans instrument. Mais pourquoi prend-elle toujours la forme d'une sphère, plutôt que celle d'un carré par exemple ? Explications. Sa paroi est constituée d'une couche d'eau entourée de deux autres de tensio-actifs, des molécules amphiphiles, c'est-à-dire possédant une tête hydrophile, qui aime l'eau, et une queue hydrophobe, qui fuit l'eau. Sa stabilité est assurée par l'agencement de ces différentes couches. Ce film d'eau savonneuse forme un réceptacle rempli d'air. Pour préserver son intégrité, il lui faut de l'énergie, qui tend à se minimiser le plus possible. Pour ce faire, la bulle réduit donc au maximum sa surface tout en gardant un volume suffisant pour contenir l'air enfermé. La sphère est la forme géométrique permettant d'avoir le plus grand volume pour une surface donnée, tout en minimisant au maximum l'énergie requise à sa formation. C'est pour cette raison que la bulle de savon en prend naturellement la forme. Selon ce principe, il n'est pas nécessaire de former un O avec les doigts : on pourrait tout aussi bien faire un carré, la bulle formerait toujours une sphère.

BULLES DE SAVON FAITES AVEC LA MAIN

Trempez la main dans une cuvette contenant de l'eau de savon un peu forte. Réunissez le bout du pouce et de l'index de façon à former un O. Retirez votre main et cet O est garni d'une pellicule savonneuse. Soufflez doucement, de façon à distendre cette pellicule qui prend la forme indiquée sur notre dessin, puis celle d'une bulle ronde.

TOM TIT.

LA BOUGIE ET L'ENTONNOIR

L'écoulement de l'air

On peut souffler tant que l'on veut, une bougie placée en face d'un entonnoir ne s'éteindra jamais ! En effet, l'air soufflé dans le goulot ne se disperse pas horizontalement vers la flamme, mais en ligne droite le long des parois. Au centre de l'entonnoir, la quantité d'air reste quasiment nulle. Aussi, quelle que soit la puissance du souffle mise en œuvre pour éteindre la bougie, elle ne réussira même pas à faire vaciller la flamme. Pour éteindre la bougie, il suffit de décaler légèrement l'instrument en plaçant la flamme dans le prolongement d'un des bords.

LA BOUGIE & L'ENTONNOIR

Une bougie allumée et un entonnoir vous permettront d'organiser un petit jeu de société très amusant ; il s'agit d'éteindre la bougie en soufflant par la queue de l'entonnoir, dont l'ouverture est bien exactement en face de la bougie. Vous verrez que ce n'est pas si facile que cela en a l'air, et que, pour réussir, c'est le bord et non le centre de l'ouverture de l'entonnoir qui doit être en face de la flamme.

TOM TIT.

LA BOUGIE FLOTTANTE

La propulsion

On connaît la difficulté à attraper une bougie flottant dans une bassine d'eau avec ses dents, car elle se dérobe inexorablement. Pourquoi ? Lorsque la tête plonge dans l'eau pour s'en approcher, le mouvement entraîne un déplacement de la masse d'eau. Elle prend la place de l'eau qui se trouve sur son passage et qui n'a d'autre choix que de s'écarter sur les côtés en passant le long des joues et vers l'avant. L'eau ainsi propulsée projette à son tour la bougie, qui s'éloigne fatalement du visage du pêcheur. Contrairement à ce que l'on pourrait croire, plonger la bouche le plus rapidement possible vers la bougie ne résoudra rien, car son éloignement est à la mesure de la vitesse d'entrée de la tête dans l'eau. En effet, cette vitesse se répercute sur celle du déplacement de l'eau. Pour réussir à se saisir de la bougie, ou de tout autre objet flottant, il suffit de s'approcher le plus lentement possible de l'objectif pour limiter au maximum le mouvement de l'eau, puis aspirer fortement dans sa direction. Précisons que la force d'aspiration doit nécessairement être plus importante que le déplacement de l'eau induit par la tête. Alors la bougie ne se sauvera plus, mais s'approchera naturellement contre les lèvres. Il suffit ensuite de l'attraper délicatement avec la bouche, et le tour est joué.

LA BOUGIE FLOTTANTE

On fait ranger, en été, les amateurs autour d'un baquet plein d'eau dans lequel flotte une bougie, et l'on promet un prix à celui qui, sans y mettre les mains, aura retiré de l'eau la bougie en la prenant avec sa bouche. L'amateur a beau enfoncer sa figure dans l'eau, la bougie exécute les plus drôles de plongeons pour lui échapper. Voici le moyen de réussir : approchez doucement votre bouche de la bougie et aspirez fortement ; elle viendra se placer contre vos lèvres, et vous pourrez la saisir sans difficulté. **TOM TIT.**

LE JAVELOT MAGIQUE

L'empennage

Aucun joueur de fléchettes n'ignore que, pour atteindre le centre de la cible, il faut être un bon lanceur. Mais c'est surtout à une fléchette de qualité que l'on doit d'atteindre l'excellence ! Ce projectile est stabilisé par ce que l'on appelle l'empennage, ces ailes en forme de croix servant à équilibrer son corps, le dard. Les avions en sont également munis : situés généralement à l'arrière du fuselage, ils stabilisent la trajectoire des appareils. Ce sont des surfaces portantes, dont les dimensions sont variables : les empennages d'un avion de transport de passagers seront plutôt importants. À l'origine, les empennages de fléchettes étaient en plume. Il en existe aujourd'hui de différentes formes et compositions. Certains sont même munis d'alvéoles pour parcourir de plus longues distances. Cette expérience prouve leur nécessité en utilisant une aiguille à la place de la fléchette. Aucun lanceur, même averti, ne parviendra à la planter sur une planche. En revanche, munie d'un bout de fil, l'aiguille fera une fléchette parfaite, qui atteindra son but à coup sûr : elle restera à l'horizontale du début à la fin du lancer grâce à ce petit appareillage qui stabilise sa trajectoire.

LE JAVELOT MAGIQUE

Mettez-vous à trois pas d'une planche ou d'une boiserie et essayez d'y planter une aiguille à coudre en la lançant fortement contre cette planche. Vous ne pourrez y parvenir. Enfilez maintenant dans l'aiguille un bout de fil, et vous réussirez à chaque coup. Le bout de fil a servi en effet, comme la plume d'une flèche, à maintenir l'aiguille horizontale, de façon que sa pointe arrive droit sur la planche et y pénètre facilement.

TOM TIT.

LE PORTIQUE D'EAU DE SAVON

La tension de surface

Pour réaliser un rideau avec de l'eau savonneuse, il faut construire un cadre carré métallique, y ajouter un fil de fer le traversant du centre d'un des côtés au centre du côté opposé, et sur lequel est fixée une cordelette au milieu. Plonger ce dispositif dans de l'eau savonneuse, avant de le retirer. Le cadre est aussitôt rempli d'une membrane savonneuse des deux côtés du fil de fer transversal. Cette membrane est faite d'une couche d'eau entre deux couches de surfactants, ces molécules de savon amphiphiles, possédant une tête hydrophile, qui aime l'eau, et une queue hydrophobe, qui fuit l'eau. Si l'on crève la membrane de la partie inférieure, celle de la partie supérieure tirera le fil de fer vers le haut pour diminuer sa surface, et former une arche. En tirant sur la cordelette accrochée au fil de fer, on dédoublera l'arche pour aboutir à un double portique. La formation de la première arche résulte du principe de tension de surface, que l'on doit aux forces d'attraction ou de répulsion qui s'exercent entre les molécules d'un fluide. Dans cette expérience, les forces d'attraction sont assez importantes pour que la membrane n'éclate pas et se comporte comme un tissu élastique. En effet, les molécules cherchent un état d'équilibre qui leur coûte le moins d'énergie possible. Elles se lient fortement entre elles, ce qui réduit au minimum la surface de la membrane. Ceci est possible car, le côté formé par le fil étant souple, ce dernier remonte pour former l'arche.

LE PORTIQUE D'EAU DE SAVON

Deux tringles horizontales reliées par deux fils verticaux forment un cadre rectangulaire; on a relié les deux fils verticaux par un fil horizontal plus large que le cadre et au milieu duquel pend un fil libre. Trempez le tout dans l'eau de savon et retirez le cadre qui est garni d'une pellicule savonneuse; crevez-la au-dessous du fil transversal et vous aurez le portique; tirez sur le fil pendant et le portique sera double.

TOM TIT.

UNE ÉCHELLE DANS LA FLAMME

La propriété ondulatoire de la lumière

Dans cette expérience, les lignes apparaissant sur la fine lame de mica ou de gélatine mettent en évidence que la lumière est une onde électromagnétique. Cette théorie fut publiée en 1690 par le scientifique néerlandais Christian Huygens. Depuis, elle a été démontrée : une onde électromagnétique est constituée d'un champ électrique et d'un autre magnétique, qui se propage en ligne droite selon un mouvement ondulatoire, ou oscillatoire, comme une vague par exemple. Le sel rajouté dans l'alcool du réchaud donne une belle flamme jaune, ce qui permet de visualiser parfaitement le phénomène. La lumière émise par la flamme se réfléchit sur une plaque de gélatine ou sur une fine lame de mica. Précision : le mica est une pierre minérale constituée de silicate d'aluminium et de potassium. Ces plaques, également appelées « guides d'ondes », sont un élément indispensable des micro-ondes. Situées à l'intérieur de l'appareil, elles canalisent les ondes produites par le magnéton vers les éléments à chauffer. C'est cette propriété qui est utilisée dans cette expérience : la fine plaque de gélatine, ou de mica, a la propriété de distinguer les ondes électromagnétiques de la lumière émise par la bougie.

UNE ÉCHELLE DANS LA FLAMME

Mettez du sel dans l'esprit de vin d'un réchaud ; la flamme sera jaune et donnera aux figures des personnes, vues dans l'obscurité, une couleur sépulcrale. Faites réfléchir cette flamme dans une mince lame de mica ou de gélatine et vous serez stupéfaits d'y apercevoir des lignes imitant les barreaux d'une échelle.

TOM TIT.

LE VIN CHANGÉ EN EAU

La pression atmosphérique

La plupart des illusionnistes se donnent comme défi de transformer l'eau en vin. Dans cette expérience, on parvient à l'inverse, grâce à la pesanteur et à la différence de densité entre le vin et l'eau. Il faut que la bouteille opaque, remplie d'eau aux trois quarts, soit hermétiquement fermée par un bouchon scellé à la cire, empêchant ainsi tout échange de gaz avec l'extérieur. Le bouchon est traversé par une paille s'arrêtant juste au-dessus du niveau de l'eau, et par une seconde qui plonge jusqu'au fond de la bouteille. Grâce à un petit entonnoir, l'on verse ensuite doucement le vin dans la paille la plus longue pour qu'il aille se déposer sur l'eau. L'ajout de vin exerce une pression, qui pousse exactement le même volume d'eau hors de la bouteille *via* la paille courte. On peut alors dire que le vin s'est changé en eau. C'est aussi possible si le vin versé est resté sur l'eau. Explication : le vin est plus « léger » que l'eau, puisque sa densité est plus faible. L'eau présente, en effet, une densité de 1,000. C'est-à-dire qu'à 4 °C et à pression dite atmosphérique (pression à la surface de la Terre), 1 l d'eau pèse exactement 1 kg. Le vin, lui, a une densité de 0,994 : dans les mêmes conditions de température et de pression, 1 l de vin pèse donc 0,994 kg. En conséquence, si l'on verse le vin lentement sur l'eau, les deux liquides resteront séparés, grâce à leur densité différente. En revanche, si le vin est ajouté brutalement à l'eau, les deux liquides se mélangeront, et l'expérience ne fonctionnera pas.

LE VIN CHANGÉ EN EAU

Faites passer deux brins de paille à travers le bouchon d'une bouteille pleine d'eau : l'une plonge jusqu'au fond, l'autre arrive au-dessus du liquide. Collez avec de la cire deux coques de noix au haut des deux pailles et versez du vin dans celle correspondant à la paille la plus longue. Ce n'est pas du vin, mais de l'eau qui coulera dans le verre.

TOM TIT.

UNE DRÔLE DE VEILLEUSE

La combustion

Le marron d'Inde est la graine du marronnier commun, ou marronnier d'Inde, *Aesculus hippocastanum* pour son nom scientifique. Il est caché dans le fruit de l'arbre, dans une capsule épineuse. On ne doit surtout pas le confondre avec la châtaigne, la graine du châtaignier, comestible et vendue grillée en hiver. Le marron contient quant à lui des substances toxiques. Par exemple, il est composé d'escine, un mélange de molécules appelées « saponides ». Cette substance est utilisée en petites quantités en pharmacologie pour ses propriétés anti-inflammatoires et vasoconstrictrices. Mais à doses plus importantes, elle provoque des nausées, des vomissements ou des crampes abdominales. Le marron contient également de l'esculine, qui présente des propriétés médicinales anticoagulantes, anti-hémorroïdaires et contre les varices, mais dont la molécule est toxique à forte dose. Sa graine se compose aussi d'amidon, un sucre de réserve présent dans de nombreuses plantes, ainsi que d'huiles essentielles et d'huiles grasses. Le marron, à défaut de pouvoir être consommé, peut facilement faire office de bougie en y ajoutant une mèche préalablement imprégnée d'huile.

UNE DRÔLE DE VEILLEUSE

Pelez un marron d'Inde bien sec, lardez-le de trous avec une grosse aiguille et faites un trou plus grand pour y mettre des fils de coton. Faites-le tremper 24 heures dans la burette à huile, puis faites-le flotter dans un verre d'eau pure et allumez la mèche ; vous aurez une veilleuse brûlant toute la nuit !

TOM TIT.

LE PENDULE DE FOUCAULT

Les oscillations

Pour montrer que la Terre tourne sur elle-même, le physicien Léon Foucault a mis au point une expérience assez simple. En 1851, il installe un pendule, une sphère pleine accrochée au bout d'une corde, à la voûte du Panthéon de Paris. Il la fait osciller sans lui donner de vitesse. Son mouvement montre alors une déviation au sol du plan d'oscillation, c'est-à-dire que le pendule ne passe pas deux fois sur le même chemin et se décale légèrement à chaque passage. En réalisant l'expérience aux pôles de la Terre, le plan d'oscillation effectuera un tour complet en un jour sidéral, soit 23 h, 56 min et 4 s. Pour réaliser un pendule de Foucault à la maison, il faut former une coupole avec trois fourchettes plantées dans un bouchon en liège. Suspendre une orange traversée d'une allumette, accrochée à un fil traversant le bouchon grâce à une aiguille. Placer l'ensemble dans une assiette dans laquelle sont placés des tas de sucre en poudre en périphérie. Puis faire balancer l'orange en faisant lentement tourner l'assiette pour reproduire la rotation de la Terre. L'orange oscillera au-dessus de l'assiette et écornera les tas de sucre à un point différent à chaque passage. Observation amusante : si l'on se trouve dans l'hémisphère Nord (au nord de l'Équateur), le mouvement oscillant se fait dans le sens des aiguilles d'une montre, et dans le sens inverse si l'on est dans l'hémisphère Sud.

LE PENDULE DE FOUCAULT

Piquez 3 fourchettes dans uu bouchon pour former trépied. Suspendez sous le bouchon une orange traversée par une allumette. Faites osciller ce pendule dans une assiette autour de laquelle est disposé un tas de sucre circulaire ; vous verrez la pointe de l'allumette écorner chaque fois un point différent du sucre, si vous faites tourner doucement l'assiette.

TOM TIT.

TREMPER SA MAIN DANS L'EAU SANS LA MOUILLER

L'hydrophobicité

Pour cette expérience, il faut préalablement remplir une bassine d'eau et y déposer au fond un objet, une bague par exemple. Puis saupoudrer la surface de l'eau avec de la poudre de lycopode, utilisée en cosmétique et fabriquée à partir des spores jaunes de cette plante verte vivace. Contre toute attente, quand on récupère la bague dans la bassine, la main ressort sèche. Pourquoi ? Ce constat surprenant est dû aux propriétés particulières de la poudre de lycopode. C'est un super hydrophobe, une molécule qui déteste l'eau et qui fait tout pour éviter son contact. Elle ne se mélange donc jamais au liquide. Au contraire, elle s'associe en une monocouche de grains pour former une sorte de peau. Aussi, lorsque la main est plongée dans l'eau, elle l'enrobe, comme si l'on enfilait un gant de protection. Il faut faire très attention lors de son usage, car cette poudre est extrêmement inflammable. Elle est utilisée lors de certains tours de magie pour générer de grandes flammes atteignant plus d'un mètre de hauteur. Elle est également employée comme shampoing sec. S'il n'est pas possible de s'en procurer, cette expérience peut aussi être réalisée avec d'autres matériaux possédant la même propriété, comme la suie.

TREMPER SA MAIN DANS L'EAU SANS LA MOUILLER

Saupoudrez de poudre de lycopode l'eau d'une cuvette et jetez-y une bague. Annoncez que vous allez retirer la bague sans vous mouiller la main. En effet, vous plongez complètement la main dans l'eau, vous retirez la bague et vous montrez au public que votre main est absolument sèche. (Ne pas approcher le lycopode de la lumière ni du feu !)

TOM TIT.

L'ASSIETTE ET LA BOUTEILLE

L'effet ventouse

Pour réaliser cette expérience, il faut remplir préalablement la bouteille de vapeur d'eau (grâce à une bouillotte par exemple), puis sceller son goulot avec une matière grasse, pour éviter qu'elle ne s'en échappe. En refroidissant à température ambiante, la vapeur se transforme en eau liquide, qui occupe moins de place dans la bouteille. Le vide laissé par cette transformation soudera la bouteille à l'assiette, comme une ventouse. On l'explique par la différence d'organisation des molécules d'eau qui s'opère lorsqu'une certaine masse d'eau change d'état ou de phase : gazeux, liquide ou solide. L'eau à l'état liquide est composée de molécules d'eau désorganisées mais proches les unes des autres. À l'état gazeux, les molécules d'eau sont toujours désorganisées mais cherchent à s'éloigner au maximum les unes des autres, d'où un volume occupé beaucoup plus important. À l'état solide (glace), les molécules d'eau s'organisent selon un schéma particulier, et prendront plus de place que la même quantité d'eau à l'état liquide. On peut le vérifier facilement en mettant de l'eau dans un verre durant plusieurs heures au congélateur. En revanche, le poids ne change pas : il suffit de peser le verre d'eau avant et après son passage au congélateur pour constater que la glace n'est pas plus lourde que l'eau liquide ! Attention, tout ceci n'est vrai que si ces expériences sont réalisées à la même pression !

L'ASSIETTE ET LA BOUTEILLE

Il s'agit de faire tenir une bouteille, le goulot collé contre une assiette, mais sans l'emploi de colle d'aucune sorte. Il suffit pour cela de produire un vide partiel dans la bouteille en mettant son ouverture au-dessus d'une bouillotte d'eau bouillante ; une fois la bouteille pleine de vapeur d'eau, graissez le bord avec du suif, pour éviter la rentrée de l'air et appliquez le goulot contre l'assiette. La bouteille restera suspendue, par suite du vide produit par la condensation de la vapeur.

TOM TIT.

LES BOUCHONS FLOTTANT VERTICALEMENT

La capillarité

Il est impossible de faire flotter un bouchon de liège verticalement dans une bassine d'eau, mais entouré de six autres, l'opération devient possible. Pour cette expérience, il faut disposer sept bouchons sur une table et les attraper fermement dans la main pour les immerger totalement, puis les ressortir de l'eau d'un tiers pour évacuer le surplus d'eau. Abandonnés à eux-mêmes, les sept bouchons flottent en position verticale. Ce petit radeau reste dans cette position car sa largeur est supérieure à la hauteur d'un bouchon. L'ensemble reste soudé, car l'eau s'est infiltrée par capillarité entre les bouchons et agit comme de la colle. Tant que les bouchons flottent, l'eau continue à les maintenir ensemble. Il suffit que l'on retire un ou deux bouchons de la bassine pour que l'eau s'écoule et que les autres se désolidarisent. La capillarité joue un rôle important dans l'ascension de la sève chez les végétaux, qui tirent du sol l'eau et tous les nutriments nécessaires à leur croissance. Elle leur permet de faire monter l'eau et les nutriments jusqu'aux feuilles, parfois situées à plusieurs dizaines de mètres de hauteur. Quant au liège, c'est un matériau naturel présent dans l'écorce de certains arbres, comme le chêne-liège. Il protège les arbres du froid, des intempéries et des insectes. Une fois extrait de l'arbre, il est utilisé pour ses propriétés thermiques, acoustiques, antistatiques, et surtout pour boucher les bouteilles.

BOUCHONS FLOTTANT VERTICALEMENT

Posez un bouchon sur l'eau et il s'y couche pour flotter. Comment faire pour le faire tenir vertical ? Il suffit de l'entourer de 6 de ses confrères de même grosseur, de plonger dans l'eau le radeau ainsi formé et de l'abandonner à lui-même. L'eau colle les bouchons ensemble et tous se tiennent debout : l'union fait la force.

TOM TIT.

LE NOIR ET LE BLANC

L'absorption de la chaleur

Le pouvoir absorbant des corps est la propriété qui leur permet de laisser pénétrer dans leur masse une part plus ou moins grande de la chaleur transmise par rayonnement. Par ailleurs, les objets absorbent plus ou moins de chaleur selon leur couleur. Ainsi, on sait qu'une surface noire prendra jusqu'à 90 % de la chaleur qu'elle reçoit. Grâce à cette expérience, on peut vérifier que la couleur blanche possède une capacité moindre. Pour ce faire, il faut se munir d'un verre sur lequel on peint des bandes blanches et d'autres noires. On colle ensuite sur chacune d'elles une épingle à couture avec de la cire fondue. Le tour se poursuit en allumant une bougie placée au centre du verre. On verra alors tomber les épingles collées sur les surfaces noires. Après avoir éteint la bougie, on constatera aussi que la cire sur les faces noires a fondu, alors qu'elle est intacte sur les surfaces blanches. C'est pour cette raison que l'on préfère s'habiller en blanc l'été et en noir l'hiver : les vêtements blancs restent toujours plus frais et plus agréables à porter lorsqu'il fait chaud.

NOIR ET BLANC

Coloriez alternativement en noir et en blanc les faces taillées d'un petit verre à liqueur. A l'aide d'une goutte de bougie, collez sur chaque face, les têtes de plusieurs épingles qui se tiendront horizontalement ; placez dans le verre un bout de bougie allumé ; la stéarine fond et les épingles tombent, mais celles collées sur les faces noires tombent les premières.

TOM TIT.

LA CONSTRUCTION D'UNE SPHÈRE EN PAPIER

La sphère

Une sphère résulte de l'empilement de plusieurs paires de disques de différentes tailles pour donner du volume à l'ensemble. Pour réaliser une sphère de papier, il faut donc emboîter des disques les uns dans les autres. Pour qu'elle soit harmonieuse, on ne doit pas les choisir au hasard. Il faut d'abord découper un disque de 6,5 cm de diamètre (soit une ouverture de compas de 3,25 cm, qui correspond au rayon du cercle). Puis tracer au crayon une ligne droite passant par le centre du disque : c'est le diamètre, qui mesure 6,5 cm. À l'aide d'une équerre, poursuivre en dessinant tous les centimètres des perpendiculaires à cette ligne. La longueur de ces perpendiculaires représente la longueur des rayons des disques à découper pour obtenir la sphère de papier. Pour gagner du temps, on peut produire quatre disques de chaque rayon, excepté pour le disque initial de 6,5 cm de diamètre, dont deux exemplaires suffisent. Continuer sur chaque disque en reproduisant les perpendiculaires au diamètre tous les centimètres. Puis faire des encoches de la longueur de ces tracés sur chacun d'eux. Ces encoches serviront à emboîter les disques entre eux pour former la sphère parfaite. Une fois l'ensemble monté, grâce à ce système d'emboîtage, la sphère peut être aplatie pour être rangée sans prendre trop de place et en toute sécurité.

CONSTRUCTION D'UNE SPHÈRE EN PAPIER

Tracez un cercle de 6 c. 1/2 de diamètre ; portez sur son diamètre, à partir du centre, 3 divisions de 1 c. de largeur. Elevez des perpendiculaires à chacun des points de division. Le rayon du cercle (3 c. 1/4) et ces trois perpendiculaires vous donneront les rayons des 12 cercles destinés à construire la sphère. Vous les tracerez et les découperez dans du papier fort ou des cartes de visite. Chacun de ces cercles aura son diamètre divisé de 1 à 1 centimètre, vous élèverez des perpendiculaires à ces points de division, et les entaillerez. C'est en accrochant ces entailles les unes dans les autres que vous construirez la sphère. Elle peut ensuite se replier pour se mettre dans la poche.

TOM TIT.

LE DUEL IMPOSSIBLE

Les oscillations

Le mouvement d'un balancier s'entretient seul, mais les forces de résistance de l'air ralentiront lentement l'oscillation jusqu'à son arrêt. En revanche, les oscillations de deux balanciers placés à proximité s'entretiendront indéfiniment. L'un fournira de l'énergie à l'autre pour déclencher son mouvement. Ainsi, le second gagnera de la vitesse quand l'autre en perdra et s'en éloignera jusqu'à l'oscillation suivante, où il reviendra et frappera le premier qui reprendra à son tour de la vitesse et s'éloignera dans l'autre sens. C'est ce qui est observé ici, entre les deux fils de fer, lestés respectivement d'une pomme et d'une poire. Pour rendre l'expérience plus amusante, on peut coller sur chaque extrémité haute du fil de fer une silhouette représentant un escrimeur. Après avoir lancé le mouvement, on observe que les duellistes se battent sans jamais échanger un coup d'épée, l'un oscillant vers l'avant quand l'autre oscille vers l'arrière. Voilà un combat où il n'y aura jamais de blessé !

LE DUEL IMPOSSIBLE

Recourbez à angle droit un gros fil de fer, en le tordant en œillet, et suspendez-le en passant à travers cet œillet un clou fixé au bord de la table. Suspendez une pomme ou une poire au bout de la branche inférieure et collez avec de la cire, sur l'autre branche, un duelliste en papier découpé. Accrochez à côté une équerre semblable, placée inversement. Soulevez l'une des pommes et laissez-la retomber ; la poire et la pomme se balanceront alternativement, par suite du choc, et vous voyez les deux adversaires fondre l'un sur l'autre, sans pouvoir s'atteindre.

TOM TIT.

L'EAU CHAUDE SANS FEU NI BOUILLOTTE

L'ébullition

En physique, la chaleur correspond à un transfert thermique (ou transfert d'énergie microscopique et désordonnée). Cette énergie thermique s'effectue généralement à partir d'un corps chaud vers un corps plus froid, dans le but d'établir un équilibre entre les deux corps. L'étude de ces transferts s'appelle la thermodynamique. Dans cet ingénieux montage, la chaleur produite par la flamme se transmet d'abord au papier, qui ne s'enflamme pas, car il transfère immédiatement l'énergie thermique à l'eau. En recevant cette énergie, les molécules d'eau s'agitent de plus en plus, ce qui augmente la température et conduit à l'ébullition. C'est ce que l'on appelle l'agitation thermique, qui est proportionnelle à la température. Cette expérience est possible, car le papier ne s'enflamme qu'à une température supérieure à celle de l'ébullition de l'eau : il brûle entre 170 et 270 °C selon la composition du papier, alors que l'eau bout autour de 100 °C. On peut le vérifier avec du papier utilisé pour la cuisson en papillote par exemple, qui ne brûlera pas même si le four affiche plus de 200 °C.

L'EAU CHAUDE SANS FEU NI BOUILLOTTE

Découpez un rond de papier de 15 centimètres de diamètre. Prenez un gros fil de fer que vous tournez en hélice autour d'une bougie et faites en haut un anneau horizontal. Bombez le papier dans vos mains, posez-le sur l'anneau, versez-y de l'eau doucement, allumez la bougie, et vous verrez l'eau bouillir au bout de quelque temps, sans que le papier soit brûlé ni même roussi. **TOM TIT.**

LE TUBOPHONE

L'acoustique

Un son est une onde créée par la vibration d'un objet. La fréquence est le rythme selon lequel cette ondulation, ou oscillation, se propage. Elle correspond au nombre d'oscillations effectuées par l'onde en un temps donné, et elle s'exprime en hertz (Hz). L'oreille humaine perçoit les sons de fréquences comprises entre 20 et 20 000 Hz, allant des basses fréquences (sons graves) jusqu'aux hautes fréquences (sons aigus). En dessous de 20 Hz, on parle d'infrasons et au-delà de 20 000 Hz, d'ultrasons. Chaque note de la gamme naturelle correspond à une fréquence, de 132 Hz pour un Do à 247,5 Hz pour un Si. Pour fabriquer un tubophone (sorte de xylophone) couvrant une gamme, huit tubes en carton (de même diamètre), servant à l'expédition ou au transport de documents, sont nécessaires : 43 cm pour le Do ; 38,25 cm pour le Ré ; 34,4 cm le Mi ; 32,25 cm le Fa ; 28,5 cm le Sol, 25,8 cm pour le La, 23 cm pour le Si et 21,5 cm pour le Do aigu. En divisant leur longueur par deux, on parvient à créer une gamme de notes plus aiguës, et en les multipliant par deux, plus graves. Une fois les tubes reliés dans l'ordre des notes, il suffit de les frapper pour jouer. On arrive au même résultat avec des tubes en PVC, mais il faudra recalculer la bonne longueur pour obtenir chaque note.

LE TUBOPHONE

On peut fabriquer des instruments de musique avec les matériaux les plus bizarres : le tubophone, que montre notre dessin, est fait avec les tubes de carton servant à expédier les journaux illustrés. Voici les longueurs qu'il faut leur donner pour obtenir les diverses notes, tous ces tubes ayant le même diamètre : ut, 43 centimètres — ré, 38 c., 25 — mi, 34 c., 4 — fa, 32 c., 25 — fa dièze, 30 c. — sol, 28 c., 5 — la, 25 c., 8 — si bémol, 24 c., 4 — si, 23 c. — ut aigü, 21 c., 5 (moitié des 43 c. de l'ut grave) — ré aigü, 19 c., 125 — mi aigü, 17 c., 2. Les tubes sont attachés par 3 rangées de fil de soie, et disposés horizontalement comme un piano. On frappe sur le tubophone avec de petits marteaux en bois ou en bouchon. **TOM TIT.**

UNE COURSE DANS UN VERRE DE LAMPE

La tension superficielle de surface

Dans une bulle de savon, une membrane de molécules de savon enserre une couche de molécules d'eau. Pour ne pas éclater, elle cherche à minimiser son énergie et à réduire sa tension superficielle de surface. Autrement dit, plus ses molécules établissent de liaison avec leurs voisines, plus elles sont stables. Dans cette expérience, on utilise un verre de lampe évasé et humidifié avec lequel on fabrique un disque de savon liquide en trempant son extrémité la plus large dans une bassine d'eau savonneuse. Une fois en position horizontale, le disque se déplace naturellement vers l'extrémité la plus étroite afin de diminuer sa tension superficielle de surface. L'expérience est rendue possible grâce au glissement des molécules de savon sur l'eau présente sur les parois du verre. Si le verre avait été sec, le disque ne pourrait pas bouger ou éclaterait. Comme sa surface diminue progressivement le long du tube, les molécules de savon qui le constituent se serrent de plus en plus les unes aux autres : leur tension superficielle de surface diminue. On peut aussi produire plusieurs disques de savon à la suite, qui donneront l'impression qu'ils se poursuivent.

UNE COURSE DANS UN VERRE DE LAMPE

Prenez un verre de lampe uni et plus étroit à un bout qu'à l'autre. Mouillez avec de l'eau de savon l'intérieur du verre, égouttez-le, puis trempez le gros bout dans l'eau de savon. En le retirant doucement, vous verrez qu'un disque liquide s'est formé dans le verre. Mettez-le horizontal, et vous verrez ce disque se mettre en marche vers le petit bout. En faisant plusieurs disques successifs, vous les verrez courir les uns après les autres.

TOM TIT.

LE DESSINATEUR DE PORTRAITS

Le carbone suie

En brûlant, la bougie dégage de la fumée qui transporte de la suie. Cette substance noire est composée essentiellement de carbone suie, se présentant sous forme de graphite de couleur noire. Elle résulte de la combustion incomplète d'un matériau inflammable, ici la cire. Précision : une combustion incomplète se produit quand le carburant qui lui est nécessaire, ici le dioxygène, n'est pas présent en quantité suffisante pour obtenir une combustion complète, où il ne reste que du dioxyde de carbone et de l'eau. Ainsi, la suie se dépose sur toutes les parois qu'elle rencontre, comme les conduits de cheminée. En plaçant une assiette au-dessus d'une bougie se consumant, son fond sera donc recouvert d'une couche de suie. Cette fine pellicule devient alors le support du dessin, dont les contours seront tracés à l'aide d'un objet pointu, tel un crayon, une plume ou un cure-dent en bois. Pour conserver ce dessin éphémère, il suffit d'appliquer une feuille de papier humide sur le fond de l'assiette et de l'enlever très rapidement : l'humidité permet à la suie d'adhérer à la feuille et d'y rester figée. Le dessin est transféré sur le papier selon le même principe que l'imprimerie. Pour en faire un autre, il faut repasser l'assiette dans la fumée de la bougie.

LE DESSINATEUR DE PORTRAITS

Noircissez le fond d'une assiette avec la flamme d'une bougie ou d'une lampe à pétrole. Avec un bout d'allumette pointu, une plume ou un crayon, dessinez le dessin en blanc en enlevant le noir de fumée aux endroits convenables ; le dessin fait, on le reproduit en appliquant sur l'assiette une feuille de papier mouillé que l'on retire aussitôt.

TOM TIT.

L'ABREUVOIR POUR VOLAILLES

La pression atmosphérique

Les poules sont championnes pour souiller leur abreuvoir en marchant dedans. Pour ne pas devoir changer l'eau plusieurs fois par jour et garder son contenu propre à disposition tout au long de la journée, il suffit d'utiliser une bouteille remplie à ras bord plongeant dans une coupelle. Le goulot doit être placé au plus près du fond de la coupelle pleine d'eau, mais ne doit surtout pas le toucher. Lorsqu'une poule boira, le niveau d'eau descendra légèrement. Le goulot ne sera alors plus en contact avec l'eau dans la coupelle. Quelques gouttes d'air monteront dans la bouteille et chasseront vers la coupelle une petite quantité d'eau, équivalente à celle de l'air. L'échange entre l'air et l'eau s'arrêtera lorsque l'eau de la coupelle se retrouvera de nouveau à la hauteur du goulot, en attendant qu'une autre poule vienne se désaltérer. En plastique ou en acier galvanisé, la plupart des abreuvoirs modernes commercialisés aujourd'hui pour les volailles fonctionnent toujours sur ce même principe astucieux.

ABREUVOIR POUR VOLAILLES

Voulez-vous que vos poules aient toujours de l'eau fraîche et propre. Renversez sur un plat une bouteille pleine d'eau, le goulot arrivant tout près du fond, mais sans y toucher. Vous la maintenez avec deux anneaux de fil de fer. Chaque fois qu'une volaille vient boire, il rentre un peu d'air dans la bouteille et il en sort un peu d'eau fraîche que les poules et les canards n'ont pu salir avec leurs pattes.

TOM TIT.

LE PANTIN DANS LA GLACE

La réflexion

Un miroir est un objet réfléchissant. Autrement dit, il renvoie l'image qu'il reçoit. Cette image « virtuelle » est parfaitement symétrique et de même taille que l'objet, par rapport au côté du miroir, appelé « plan ». En revanche, elle n'est en général pas superposable à l'objet. Par exemple, quand une personne se trouve face à un miroir, l'image de la main gauche équivaut à la main droite. Aussi est-il impossible de superposer la main gauche et la main droite l'une sur l'autre, sauf paume contre paume : elles sont l'image l'une de l'autre. Cette propriété de symétrie en miroir s'appelle la « chiralité ». Les mains ou les pieds sont des éléments dits « chiraux ». En se basant sur ces principes de réflexion, il est donc possible de se transformer en pantin. Pour ce faire, il faut se tenir perpendiculairement à un miroir rectangulaire ou carré, et se placer selon un angle permettant la réflexion d'une seule des deux moitiés du corps, l'autre partie étant cachée par le miroir. Ainsi on obtient l'illusion d'avoir un corps entier parfaitement symétrique devant un spectateur. En bougeant la main, le bras ou la jambe visible dans cette position, l'observateur verra un corps remuer en symétrie, formé pour moitié d'une image. En soulevant la jambe, on pourra même donner l'illusion de voler.

LE PANTIN DANS LA GLACE

Placez-vous sur le côté d'une armoire à glace, en cachant la moitié du corps derrière cette armoire. Si vous levez le bras qui est visible, une personne placée de l'autre côté de l'armoire verra ce bras reflété dans la glace, et vous semblerez lever les deux bras. Levez la jambe qui est visible, et vous semblerez lever les deux jambes à la fois, comme un pantin dont on vient de tirer la ficelle.

TOM TIT.

LES FIGURES DE CIRE

Les propriétés de la cire

Pour réaliser des personnages ou d'autres sculptures, les enfants utilisaient autrefois des allumettes-bougies. Au tournant du XIXe siècle, ces petites tiges étaient fabriquées avec une mèche enduite de cire, et n'avaient pas de corps en bois, comme celles encore employées de nos jours. L'une de leurs extrémités étaient coiffées de phosphore rouge qui s'enflammait par simple frottement. La cire les constituant pouvait être aussi bien d'origine végétale qu'animale. Dans le second cas, elle provenait du suif, un résidu de graisse animale fondue. Pour coller deux allumettes entre elles, il suffisait de les faire fondre, sans toucher à la tête recouverte de phosphore. La cire fondue qui refroidit est en effet une colle excellente. En frottant le corps de l'allumette, on pouvait également éliminer la cire pour dégager tout ou partie des fibres de la mèche. Cette astuce permettait de donner une chevelure aux personnages, des crins aux chevaux ou de créer un balai. De même, un papier à cigarette plié ou froissé se transformait aisément en jupe, en parapluie ou en chapeau. Ce jeu permettait de laisser libre cours à l'imagination des enfants.

LES FIGURES DE CIRE

Chauffez légèrement le bout d'une grosse allumette-bougie, pour fondre un peu la stéarine ; appliquez-la brusquement sur une autre allumette, et elle s'y collera par refroidissement. Vous pouvez ainsi fabriquer des personnages et animaux fantastiques, comme ceux que vous montre notre dessin : général à cheval, officier à pied, sans oublier le pendu qui est accroché à la potence par un brin de la mèche de l'allumette!

TOM TIT.

FAIRE VALSER UN ŒUF SUR UN PLATEAU

La rotation

On peut faire tourner un œuf sur un plateau avec seulement un pouce et un index, comme on peut le faire avec une toupie. L'œuf, initialement couché sur le flanc, se redresse sur sa pointe, entraîné par son propre mouvement de rotation. Bien entendu, il faut un œuf dur pour réaliser cette expérience. Pendant les 10 minutes d'ébullition nécessaires à sa cuisson, il faut le maintenir droit dans la casserole, afin que sa poche d'air se répartisse symétriquement à l'intérieur de la coquille, tout comme le jaune et le blanc. Quand on lancera la rotation, l'œuf sera ainsi parfaitement équilibré. Une fois que l'œuf est dressé sur sa pointe, on peut entretenir sa rotation en l'impulsant grâce à de petits mouvements vifs et adroits du poignet. Avec un peu d'entraînement et une bonne dose d'adresse, on arrive à relever l'œuf couché, sans le toucher, en initiant le mouvement de rotation au plateau sur lequel il se trouve.

FAIRE VALSER UN ŒUF SUR UN PLATEAU

Posez le plateau sur une table, son bord dépassant légèrement le bord de la table. Mettez au milieu un œuf dur. Prenez les deux bouts de l'œuf en les serrant entre le pouce de la main gauche et l'index de la main droite et, par un brusque mouvement des deux mains, donnez à l'œuf un mouvement de rotation très rapide. Vous voyez l'œuf se mettre aussitôt à tourner comme une toupie en se dressant sur l'une de ses pointes ; saisissez vivement le plateau et donnez-lui un petit mouvement de rotation destiné à entretenir le mouvement de rotation de l'œuf. Il valsera ainsi tout autour du plateau.

TOM TIT.

LA POIRE COUPÉE

La chute des corps

Cette expérience fait la démonstration que l'eau et la poire sont soumises aux lois de la chute des corps et de la pesanteur. Celles-ci stipulent que, dans un même lieu et en absence de résistance à l'air, tout corps tombe en chute libre vers le sol suivant la même direction, appelée « verticale du lieu », et que ce mouvement s'effectue avec la même accélération, appelée « g », quelle que soit la masse du corps. Les corps sont en effet soumis à une force appelée « poids », dépendante de la masse du corps et de « g », et dont l'unité est le newton (N). Cette force entraîne les corps vers le sol et génère une force opposée due à la résistance à l'air, qui freine légèrement la chute. Résultat, on obtiendra quatre morceaux de poires !

LA POIRE COUPÉE

Suspendez une poire au plafond par un fil ; trempez-la dans un bol plein d'eau, que vous retirez vite ; quelques gouttes d'eau tombent de la poire sur le plancher ; marquez exactement le point où elles tombent et placez-y horizontalement un couteau de table, la lame en dessus. En brûlant le fil qui tient la poire, de façon à couper ce fil sans remuer le fruit, la poire viendra se couper en deux sur le couteau Au lieu d'un couteau, mettez-en deux à angle droit, la poire viendra s'y couper exactement en quatre morceaux.

TOM TIT.

LA TÊTE AU MUR

Le centre de gravité

Cet exercice physique permet de comprendre le déplacement du centre de gravité d'un être humain. En physique, celui d'un objet ou d'un corps est un point virtuel qui est associé à la notion d'équilibre. Chez l'être humain, le centre de gravité se situe ainsi dans une région proche du nombril, son emplacement dépendant bien sûr de la taille, de la position (assise, couchée, debout...) et de la corpulence de l'individu. Lorsque l'on marche, il se déplace. De même, quand on cherche l'équilibre, on joue sur son emplacement. Un exemple : si l'on se met en équilibre sur le pied gauche, le corps déplace inconsciemment le centre de gravité en penchant légèrement vers la droite. Pour cet exercice, le testeur penché prend appui sur le mur avec sa tête, les mains posées sur un tabouret. De ce fait, son centre de gravité a totalement basculé vers l'avant et s'est positionné au niveau d'un point virtuel, se trouvant dans le vide au-dessous de son ventre. Pour se relever en soulevant le tabouret, le testeur devrait en même temps déplacer son centre de gravité vers l'arrière. Mais la tête appuyée contre le mur, ce tour de force est quasiment impossible sans fléchir les jambes, donner un à-coup et posséder des abdominaux d'acier.

LA TÊTE AU MUR

Placez par terre un tabouret contre le mur ; mettez la pointe de vos pieds à une distance du mur double de la largeur du tabouret ; baissez-vous et saisissez le tabouret par les côtés, puis appuyez la tête contre le mur. Soulevez ensuite le tabouret de terre, comme le montre notre dessin, et, sans secousses, essayez de vous remettre debout. Vous verrez que cela n'est possible que si vous replacez le tabouret par terre pour vous appuyer dessus.

TOM TIT.

LA CUILLÈRE RÉFLECTEUR

La réflexion

À l'heure des lampes de poche, il est aisé d'observer le fond d'une gorge. Mais comment faire sans source d'électricité ? L'astuce est d'utiliser une bougie enflammée (ou un briquet) placée entre le creux d'une cuillère et la bouche grande ouverte. Le fond de la gorge s'illuminera. Dans cette expérience, le creux de la cuillère aura fait office de miroir concave. En effet, quel que soit le miroir, la loi de réflexion de la lumière de Snell-Descartes agit toujours. Selon elle, un rayon lumineux arrive avec un certain angle (appelé « angle incident ») sur une surface réfléchissante, et il est renvoyé dans une autre direction avec un angle (dit « réfléchi ») égal à l'angle incident. Dans le cas d'un miroir courbe, comme ici la cuillère, les faisceaux, arrivant perpendiculairement, sont tous réfléchis vers un même point : on dit qu'ils convergent vers un foyer, qui concentre l'énergie lumineuse, ce qui permet ici d'éclairer le fond de la gorge. Pour déplacer ce foyer de convergence afin d'illuminer davantage la cavité buccale, il faut jouer sur la distance entre la source lumineuse et le miroir d'une part, et entre le miroir et la bouche d'autre part. Attention, l'expérience ne fonctionnera pas si l'on place le dos de la cuillère devant la bougie. C'est même l'effet contraire qui se produira : le miroir deviendra divergent, et tout le visage sera éclairé.

LA CUILLÈRE RÉFLECTEUR

Plaçons une bougie allumée devant la partie creuse d'une cuillère qui servira de réflecteur. « Allons, Toto ! Montre ta gorge… Comme nous voyons bien jusqu'au fond ! C'est un peu rouge. Mais tu n'es pas bien malade ; le docteur t'ordonne trois sucres d'orge et 6 douzaines de pastilles de chocolat ! ! ! » Toto veut bien prendre cette médecine.

TOM TIT.

LE CHEMIN DE FER GLISSANT

La dilatation des corps

Dans cette expérience, le verre est poussé par la flamme de la bougie et glisse sur l'eau. Comment est-ce possible ? Au contact de la flamme, l'air contenu dans le verre s'échauffe et se dilate, car sous l'effet de la température, les molécules de gaz prennent plus de volume. Résultat, le verre se soulève légèrement. Comme l'eau présente sur son rebord empêche l'air de s'échapper, il se retrouve posé sur une couche d'eau, et non sur le plateau de marbre de la table. Il va continuer à glisser sur ce mince « coussin d'eau ». La table étant faiblement inclinée, il suivra la pente jusqu'à tomber par terre s'il n'est pas retenu à temps. On retrouve le même principe physique dans le patinage sur glace. En effet, la vitesse et le poids du patineur chauffent la lame du patin et font fondre localement la glace pour créer une mince couche d'eau. Le patin glissera alors sur un « coussin d'eau », propulsé par la vitesse impulsée par le patineur. Lors de l'Exposition universelle de Paris de 1889, un chemin de fer basé sur ce principe de glisse fut présenté sur l'esplanade des Invalides. Il fut mis au point par l'ingénieur Louis-Dominique Girard, qui préconisait d'utiliser de l'eau pour réduire les frottements des véhicules sur les rails. Ce système n'aura finalement jamais d'application pratique pour les trains.

LE CHEMIN DE FER GLISSANT

A l'Exposition Universelle de 1889, les visiteurs pouvaient se promener dans des wagons de chemin de fer montés sur patins, et qui glissaient par suite de la pression de l'eau contenue dans les rails, qui étaient creux. Un verre à boire renversé et posé sur un marbre de commode ou de table de nuit, légèrement inclinée, va fonctionner comme ce chemin de fer glissant. Trempez dans l'eau le bord du verre, posez-le sur le marbre, et il reste immobile, la pente étant assez faible. Mais si vous approchez une bougie allumée, voilà le verre qui glisse, et vous devez le retenir pour qu'il ne tombe pas.

TOM TIT.

LA PIÈCE DANS LA BOUTEILLE

L'élasticité des corps solides

Voici un petit casse-tête. Plier une allumette en « V », sans séparer les deux morceaux, et la placer horizontalement sur le goulot d'une bouteille. Déposer par-dessus une pièce de monnaie dont le diamètre est inférieur à celui du goulot. Essayer ensuite de faire tomber la pièce dans la bouteille sans toucher ni la bouteille, ni la pièce et encore moins l'allumette. Pour y parvenir, il suffit simplement de déposer une ou deux gouttes d'eau sur la pliure de l'allumette : cela aura pour effet de la redresser. La pièce tombera ensuite dans la bouteille sans effort. Pour expliquer cette expérience, il faut savoir que les fibres de bois constituant l'allumette sont capables d'absorber de l'eau. Mouillées, leurs cellules gonflent et par conséquent les fibres de bois aussi. Comme il s'agit de matériaux solides mais élastiques, elles reprennent leur forme d'origine.

LA PIÈCE DANS LA BOUTEILLE

Mettez sur le goulot d'une bouteille une allumette pliée en deux et sur l'allumette une pièce de 50 centimes. Pour faire tomber la pièce dans la bouteille, sans toucher ni à la pièce, ni à l'allumette, ni à la bouteille, faites tomber une goutte d'eau sur la cassure de l'allumette ; l'allumette s'entrouvre et laisse tomber la pièce.

TOM TIT.

LA FOURCHETTE DE CANARD

L'illusion d'optique

Pour réaliser cette expérience, on utilise une allumette, une ficelle et le petit os en forme de « U » situé à la base du cou d'un canard ou d'un poulet. Il s'agit de la fourchette, souvent appelé « os du bonheur » ou « os de la chance ». Lorsqu'on lâche l'allumette, les spectateurs ont l'impression qu'elle est passée à travers l'os sans le couper. En réalité, l'allumette a effectué un tour complet en une fraction de seconde pour s'arrêter de l'autre côté de l'os, grâce à la ficelle qui s'est détordue brusquement, sans que l'on ait pu s'en apercevoir. Explication. La rétine est constituée de cellules dites photoréceptrices (des cônes et des bâtonnets) plus ou moins sensibles aux mouvements. Si les images ne restent pas « imprimées » sur la rétine plus de quelques millisecondes, ces cellules ne les perçoivent pas. Il serait toutefois possible de visualiser la rotation de l'allumette grâce à une caméra ultrarapide : la plus performante enregistre aujourd'hui mille milliards d'images par secondes. En repassant le film image par image, on constaterait que l'allumette réalise bien un tour complet et ne traverse pas l'os.

LA FOURCHETTE DE CANARD (ILLUSION D'OPTIQUE)

Passons une allumette dans une ficelle tordue attachée aux deux branches de l'os de canard appelé fourchette ; ramenons l'allumette contre le milieu de l'os et lâchons-la ; elle revient vivement par dessous, si vite qu'elle semble avoir traversé le petit os.

TOM TIT.

LA MACHINE ÉLECTRIQUE

L'électricité statique

Ce petit montage permet de créer de l'électricité. On utilisera un tube en verre, un foulard en soie, une brosse en écouvillon, un fil de fer, des bandes de papier blanc et du papier d'étain, remplacé au début du XXe siècle par le papier aluminium, qui fera aussi bien l'affaire. Dans cette expérience, on produit de l'électricité statique en frottant le foulard en soie à l'intérieur du tube en verre avec l'écouvillon. Elle se propage vers le papier aluminium situé à l'extérieur du tube, et continue jusqu'à l'anneau réalisé avec le même papier. Une étincelle jaillit entre ces deux morceaux de papier métallisé. C'est le signe d'un transfert d'électricité, qui s'accumule au niveau de l'anneau et se transmet, *via* le fil de fer qui lui est attaché, jusqu'aux bandes de papier blanc pendantes. Celles-ci s'écartent alors les unes des autres. Cette expérience démontre que le verre, pourtant mauvais conducteur d'électricité, peut s'électriser par frottement. De même, le papier aluminium et le fil de fer sont capables de transmettre l'électricité du verre à du papier non électrisé. Enfin, les corps chargés d'une même électricité se repoussent, ici les bandes de papier blanc. Attention, cette expérience ne fonctionnera pas dans des conditions humides, car il sera plus difficile de créer l'électricité par les frottements.

MACHINE ÉLECTRIQUE

Entourez le milieu d'un verre de lampe d'une bande de papier d'étain (papier à chocolat), collée avec un peu de gomme ; collez une bande étroite de ce même papier d'étain le long du verre, partant de l'un des bouts et s'arrêtant à 1 centimètre de l'anneau. Frottez vivement l'intérieur du verre avec une brosse à verres de lampe entourée d'un foulard de soie, après avoir bien séché le verre et le foulard devant le feu. Vos doigts ne doivent pas toucher le papier d'étain Dans l'obscurité, chaque fois que vous retirerez du verre la brosse et le foulard, vous verrez une étincelle électrique jaillir entre les deux morceaux de papier d'étain

TOM TIT.

LE BATEAU À VAPEUR

La vapeur d'eau

Fabriquer un petit bateau à vapeur, naviguant avec la même énergie que les gros navires du début du XXe siècle, nécessite peu de matériel : une feuille épaisse pour la coque du bateau, une demi-coquille d'œuf, une coquille d'œuf entière vide percée à une extrémité et un petit coton imbibé d'alcool, à 70° par exemple. Le principe est simple. L'alcool sert de combustible et, une fois enflammé, il chauffe la coquille d'œuf entière, qui a été préalablement remplie d'eau. Sous l'effet de la chaleur, l'eau se transforme en vapeur d'eau. Sous forme gazeuse, elle cherche alors à s'échapper de la coquille. En effet, à quantité équivalente, la vapeur d'eau occupe un volume plus important que l'eau liquide. Elle s'échappe donc par la seule ouverture existante. Cette fuite de gaz va « propulser » le bateau et le faire avancer, tel un vrai bateau à vapeur. La plupart des bateaux étaient propulsés grâce à ce principe avant l'essor des moteurs à gazole, au milieu du XXe siècle. Les machines à vapeur étaient alimentées avec du charbon ou du mazout. La vapeur d'eau produite entraînait un piston pour créer un mouvement de rotation des turbines, nécessaire à la propulsion des engins.

BATEAU A VAPEUR

Le bateau est en papier ; la chaudière est une coquille d'œuf vide percée d'un petit trou et contenant de l'eau ; le foyer est une demi-coquille contenant de la ouate imbibée d'alcool allumé. La vapeur se dégage à l'arrière par le petit trou et le bateau marche sans machine.

TOM TIT.

LE POISSON VOYAGEUR

La tension superficielle de surface

Dans cette expérience, une feuille de papier en forme de poisson avance toute seule dans une bassine d'eau. Les forces de tension superficielle mises en jeu peuvent expliquer ce phénomène. Il s'agit d'une force qui existe au niveau de toute interface entre deux milieux différents, ici entre le papier solide et l'eau liquide. Elle correspond à une force d'attraction exprimée en newtons ou en millinewtons par mètre (N/m ou mN/m). Dans l'eau, les forces de tension superficielle s'appliquent tout autour du poisson et le maintiennent immobile. La tension superficielle de l'eau est de 73 mN/m à 20 °C, alors que celle de l'huile végétale est de 32 mN/m. L'ajout d'huile ou de savon, au niveau de la fente arrière du papier, entraîne leur baisse. À l'arrière, les forces d'attraction entre le papier et l'eau diminuent par rapport à celles présentes à l'avant. La queue étant alors moins attirée par l'eau que la tête, le poisson avance alors tout seul. Bien entendu, on peut donner n'importe quelle forme au morceau de papier, comme un petit bateau ou un crocodile par exemple, tant que l'on n'oublie pas de faire une fente sur un côté.

POISSON VOYAGEUR

Découpez un petit poisson en papier, avec une longue échancrure vers la queue. Faites-le flotter sur l'eau et annoncez qu'il va nager tout seul. Il suffit, pour le mettre en mouvement, de verser une goutte d'huile dans la fente et aussitôt le poisson se met à nager.

TOM TIT.

LE CRAYON DEBOUT SUR LA POINTE

La gravité

Faire tenir un crayon sur sa pointe au bout de son doigt est une épreuve qui n'est pas facile, sauf à utiliser une ruse. Enfoncer la lame d'un canif dans le crayon, au plus près de sa mine. Puis replier doucement le canif pour trouver l'angle avec lequel le crayon tiendra sur le doigt. Le dispositif crayon/canif est alors en équilibre, c'est-à-dire que son centre de gravité est situé sous son point d'appui, le doigt. Seul, le crayon est soumis aux forces de gravité et de pesanteur, avec un centre de gravité situé en son milieu. S'il n'est pas aligné parfaitement avec son point d'appui, son centre de gravité est désaxé et sa « force poids », qui s'applique au centre de gravité, entraînera sa chute. La « force poids » d'un objet est le produit de la masse de cet objet multiplié par l'accélération de la pesanteur « g ». Sa direction est verticale pour un objet sans mouvement. Dans cette expérience, le canif sert de contrepoids au dispositif, autrement dit, son poids contrebalance celui du crayon et abaisse le centre de gravité de l'ensemble formé par les deux objets. Ce dispositif possède donc un poids, qui correspond à la résultante des deux « forces poids » et qui s'exerce au niveau de son centre de gravité, situé sous le point d'appui lorsqu'il est en équilibre.

LE CRAYON DEBOUT SUR SA POINTE

Cela semble bien difficile, n'est-ce pas, de faire tenir un crayon debout sur sa pointe. Notre dessin vous indique comment on peut exécuter facilement cette expérience. Il suffit d'enfoncer la pointe d'un canif dans le crayon, près de la pointe, et de replier légèrement la lame. L'ensemble du crayon et du canif se tient en équilibre au bout de votre doigt ou sur le bord d'une table, par suite de l'abaissement du centre de gravité. TOM TIT.

L'HEXAGONE CONSTRUIT D'UN COUP DE POING

Géométrie

Un hexagone est une figure géométrique qui possède 6 côtés et 6 sommets. Il peut être régulier ou irrégulier. Dans le cas d'un hexagone régulier, les 6 côtés, appelés également « arêtes », ont tous la même longueur, et les 6 angles font tous 120°. Il est composé de 6 triangles strictement équilatéraux disposés dans un cercle. Les hexagones réguliers peuvent s'empiler entre eux sans laisser aucun vide. Ils servent donc à réaliser des pavages par exemple. Dans la nature, les alvéoles des ruches des abeilles le sont, tout comme les flocons de neige. Tout autre hexagone est appelé « hexagone irrégulier ». Dans cette expérience, on utilise une bande de papier dont les extrémités sont collées pour obtenir une bande sans fin, mais après avoir donné auparavant une demi-torsion à l'un des deux bouts. Un simple coup de poing sur ce dispositif produira un hexagone plus ou moins régulier. Pour obtenir un hexagone parfaitement régulier, il faut préparer, par exemple, un rectangle de 5 cm de largeur et de 26 cm de longueur. On peut toutefois utiliser n'importe quelle taille de papier, tant que la longueur reste proportionnelle à la largeur. Plus exactement, la longueur doit être 5,196 fois plus longue que la largeur, si l'on respecte les formules mathématiques des aires des hexagones et des rectangles. En essayant, on obtient un hexagone parfait sur lequel on peut dessiner 6 triangles équilatéraux.

L'HEXAGONE CONSTRUIT D'UN COUP DE POING

Prenez une bande de papier de 5 centimètres de largeur sur 26 centimètres de longueur, plus 1 centimètre pour le recouvrement de la partie que vous enduisez de colle. Vous le collez à l'autre bout de la bande, mais en donnant une demi-torsion à l'un des bouts, de façon que l'envers du papier soit collé contre l'endroit. Posez le papier ainsi préparé sur la table ; donnez-y un coup de poing et vous aurez formé l'hexagone régulier.

TOM TIT.

VIDER UN VERRE D'EAU AVEC UNE BOUTEILLE PLEINE

Les vases communicants

Comment vider un verre d'eau sans le renverser, quand on a en sa possession une bouteille pleine, un bouchon et deux pailles de tailles différentes ? Percer deux trous dans le bouchon afin de faire passer les pailles puis boucher la bouteille avec ce montage. Plonger la paille courte dans le verre rempli d'eau et retourner la bouteille. De l'eau coule par la paille longue, alors que le verre se vide de son contenu. L'eau qui s'échappe par la grande paille crée en effet un vide dans la bouteille. Ce vide entraîne une aspiration à travers la paille courte : celle-ci aspire le contenu et le transvase dans la bouteille qui, ainsi, reste pleine. C'est le principe de siphon, ou des vases communicants. Un siphon est un tuyau qui sert à transférer des liquides d'un récipient à un autre. Ici, c'est la paille courte qui joue ce rôle, faisant passer l'eau du verre à la bouteille. Son amorçage est réalisé par l'aspiration de l'eau dans la bouteille, générée par le vide laissé par l'écoulement de l'eau *via* la paille longue. Il ne faut surtout pas oublier de prévoir un grand récipient pour recevoir l'eau évacuée, car une fois le verre vide, la paille courte continue d'aspirer de l'air qui lui-même prend la place de l'eau contenue dans la bouteille, et ainsi la vide complètement.

VIDER UN VERRE D'EAU AVEC UNE BOUTEILLE PLEINE

Le bouchon de la bouteille est traversé par deux tuyaux de paille ; mettez le plus court dans le verre d'eau en retournant la bouteille, l'eau du verre s'écoulera en passant par la bouteille et le tuyau le plus long, comme cela a lieu pour le siphon.

TOM TIT.

LA ROTATION DE LA TERRE

La force centrifuge

Cette expérience aide à comprendre les mouvements de rotation de la Terre autour du Soleil. Rappelons que la Terre tourne sur elle-même, en 23 h, 56 min et 4 s exactement, période appelée « jour sidéral ». Cette rotation explique l'alternance jour et nuit sur 24 h. La planète tourne autour d'un axe imaginaire passant par son centre et ses deux pôles. Mais elle tourne aussi autour du Soleil en un peu plus de 365 jours (une année sidérale), à presque 150 millions de kilomètres de distance. Ce phénomène est appelé « révolution terrestre ». La vitesse de notre planète autour du Soleil est d'environ 30 km/s, soit une distance Terre-Lune toutes les quatre heures ! L'axe de la Terre est incliné de 23° par rapport au plan de rotation autour du Soleil, c'est l'obliquité. Aux deux pôles, la vitesse de rotation de la Terre sur elle-même est nulle. En revanche, un point situé au niveau de l'équateur se déplace à presque 1 700 km/h par rapport au centre de la Terre. Mais on ne ressent pas les effets de cette rotation, car la force centrifuge qui en résulte et qui aurait tendance à nous soulever du sol, est au moins 500 fois plus faible que la force gravitationnelle qui, elle, attire les objets vers le sol. En déposant une demi-coquille d'œuf sur le bord de l'assiette mouillée avec un peu d'eau, et un bon mouvement du poignet, on reproduit ainsi les deux mouvements de rotation de la Terre autour d'un soleil tracé au jaune d'œuf au centre de l'assiette.

ROTATION DE LA TERRE

Quand vous mangerez un œuf à la coque, dessinez, avec le jaune, un soleil au centre de votre assiette ; mouillez-en les bords avec de l'eau et posez-y le petit bout de la coquille ; en inclinant l'assiette, vous ferez tourner la coquille non seulement tout autour de l'assiette, mais encore sur elle-même. C'est le double mouvement de rotation de la terre.

TOM TIT.

LA TRANSFORMATION DES BULLES DE SAVON

Les tensio-actifs

Une bulle de savon est un film savonneux composé de deux couches de molécules de savon, appelées aussi « surfactants » ou encore « tensio-actifs », entourant une couche d'eau. Ces molécules, qui se placent en surface du liquide, sont amphiphiles : elles ont une tête polaire qui aime l'eau et une queue hydrophobe qui la fuit. Une bulle de savon est étirable, tant qu'il y a assez de molécules de surfactants pour recouvrir la pellicule d'eau. Elle peut donc grandir et former un cylindre. D'où la nécessité d'utiliser une eau à forte concentration de savon pour réaliser un grand verre à lampe. Toutefois, même si la concentration en surfactants est suffisante, l'objet formé par la bulle de savon ne durera pas éternellement. L'eau contenue dans le film se rassemble en effet par la force de la pesanteur dans le bas de la bulle, qui devient plus grosse en bas et plus fine en haut. Quand elle aura disparu de la partie supérieure, les têtes polaires des molécules de savon, se faisant face, se repousseront à cause de leur polarité similaire, ce qui entraînera alors l'éclatement de la bulle.

TRANSFORMATION DES BULLES DE SAVON

Faites une forte eau de savon, soufflez une bulle que vous collerez sur un anneau de fil de fer, mouillé d'eau de savon. Posez sur le haut de la boule un autre anneau mouillé et tirez cet anneau en l'air ; la boule s'allongera en prenant la forme d'un tonneau, puis d'un verre de lampe.

TOM TIT.

LE MUR EN FICELLE

La première loi de Newton

Contrairement aux idées reçues, un coup violent porté contre un rideau de cordes ne les envoie pas valser, comme c'est le cas sur une seule tige rigide. Au contraire, plus il est fort, plus les cordes freinent le mouvement. Si l'on frappe avec un bâton une corde seule, celle-ci bougera au point d'impact, tout en essayant de rester immobile. On assiste alors au principe d'inertie. Cette première loi de Newton énonce qu'un corps ne subissant aucune force tend à rester immobile ou à continuer indéfiniment son mouvement en ligne droite. Selon cette loi, l'extrémité pendante de la corde compense le déplacement au point d'impact en s'enroulant sur le bâton, ce qui freine encore davantage son mouvement. Pour preuve, dans cette expérience, le bâton qui frappe violemment le mur de ficelles se retrouve immédiatement emmêlé, et il ne touchera jamais la bouteille. Une seule solution pour atteindre l'objectif : effectuer un mouvement très lent, qui poussera simplement les ficelles jusqu'à heurter la cible. De même, il est plus difficile de franchir un rideau de cordes en courant qu'en marchant. Et lorsqu'un baigneur est pris au piège par des plantes aquatiques, il s'en débarrassera beaucoup plus aisément en gardant son calme et en nageant sur le dos.

LE MUR EN FICELLE

Attachez des ficelles le long d'une tringle horizontale, un manche à balai, par exemple, et, derrière le mur de ficelle ainsi établi, mettez un objet fragile, tel qu'une bouteille. En frappant avec un bâton comme pour briser la bouteille, votre bâton sera retenu par les ficelles, qui s'enrouleront autour, et il vous sera impossible de briser ou même d'atteindre la bouteille. TOM TIT.

LE VERRE PATRIOTIQUE

La densité

Dans cette expérience, la densité des différents liquides explique qu'ils ne se mélangent pas. Mais qu'est-ce que la densité ? C'est le rapport de la masse volumique d'un liquide sur la masse volumique de référence, qui est celle de l'eau. À 4 °C, un litre d'eau pèse exactement 1 kg. L'eau a donc une densité de 1,000 à cette température. Mais lorsqu'on la chauffe, et le principe est valable pour tous les autres liquides, les molécules occupent une plus grande surface et leur nombre diminue. Aussi la densité de la substance chauffée est-elle moins élevée : l'eau chaude à 60 °C a une densité de 0,983. La densité du vin rouge est de 0,993 à 0,994. Cette substance est donc plus légère que l'eau froide, mais plus lourde que l'eau chaude, qui restera donc au-dessus du vin. Enfin la densité de l'éthanol, que l'on connaît sous le nom d'alcool, présente une densité de 0,973 pour un liquide contenant 20 % d'alcool, ou 0,789 pour une solution composée à 100 % d'alcool. Ce liquide étant plus léger que l'eau chaude, il restera donc à la surface du verre. Résultat, on obtiendra bien une reproduction du drapeau français.

LE VERRE PATRIOTIQUE

Dans un verre contenant de l'eau chaude, versez du vin rouge très froid au moyen d'un entonnoir ; le vin restera au fond du verre ; puis versez doucement, à la surface, de l'alcool coloré en bleu et vous obtiendrez un verre tricolore.

TOM TIT.

LA COMPRESSIBILITÉ DE L'AIR

La loi de Boyle-Mariotte

L'air, comme tous les gaz, est compressible. En d'autres termes, à température constante, le volume occupé par une certaine quantité de gaz diminue lorsque la pression augmente. Cela s'explique par le resserrement des molécules. Ce principe physique est énoncé dans la loi de Boyle-Mariotte. Par ailleurs, le volume d'un gaz est proportionnel à la quantité de molécules de gaz qu'il contient, principalement du dioxyde d'azote et du dioxygène pour l'air ambiant. Lorsque ces deux principes se combinent, il en résulte que la pression d'un gaz est directement proportionnelle à la quantité de molécules présente dans un volume constant (comme une bouteille fermée) et à température constante. Pour faire jaillir l'eau de la bouteille comme si c'était du champagne, il faut donc accroître le nombre de molécules de gaz à l'intérieur afin d'augmenter la pression. Pour ce faire, la bouteille doit être remplie d'eau à moitié seulement. Il suffit ensuite de souffler plusieurs fois de suite dans la bouteille en prenant soin de boucher immédiatement le goulot pour reprendre sa respiration. Les molécules de gaz constituant l'air sont alors de plus en plus nombreuses pour un volume identique. Et ainsi la pression augmente. À l'ouverture de la bouteille, les molécules de gaz comprimées chassent violemment l'eau hors de la bouteille pour prendre sa place.

COMPRESSIBILITÉ DE L'AIR

Soufflez à plusieurs reprises dans une bouteille à moitié pleine d'eau et bouchez brusquement l'ouverture avec votre pouce, chaque fois que vous voulez reprendre haleine. Si vous découvrez légèrement l'orifice en faisant glisser votre pouce, un mince filet d'eau s'échappera de la bouteille, comme si c'était du vin de Champagne ; vous pourrez diriger ce petit jet d'eau sur un spectateur ayant bon caractère et qui sera le premier à rire de cette petite plaisanterie... hydraulique.

TOM TIT.

LE MUGUET ALGÉRIEN

Le choc thermique

Les bougies sont constituées de stéarine entourées d'une couche de paraffine. Cette substance est un acide gras d'origine animale ou végétale, totalement hydrophobe, c'est-à-dire insoluble dans l'eau. Lorsque la bougie brûle, elle se liquéfie. C'est la cire liquide qui se trouve au contact de la mèche. En inclinant la bougie au-dessus d'un verre d'eau, elle coule et forme instantanément de petites gouttes à l'aspect d'une fleur de muguet. Mais comment expliquer le phénomène ? Le point de fusion de la stéarine est à 45 °C, température à laquelle cette substance passe de l'état solide à l'état liquide. Lors de cette phase, la température dépasse 100 °C, alors que l'eau est à température ambiante. Aussi subit-elle un choc thermique d'une extrême brutalité au contact de l'eau, d'où sa solidification quasiment instantanée. Lorsque la stéarine coagule, elle prend moins de volume que sous sa forme liquide. Au contact de l'eau, elle se contracte vers la partie qui n'est pas encore solidifiée, c'est-à-dire vers le haut. De même, plus la bougie est placée en hauteur, plus les pétales seront étirés vers le haut. En piquant les fleurs en leur centre avec un fil de fer chauffé, on peut réaliser une quasi copie d'un brin de muguet. L'auteur l'a nommé « muguet algérien » en hommage à la ville algérienne de Béjaïa qui s'appelait autrefois Bougie.

LE MUGUET ALGÉRIEN

Faites couler de la bougie dans un verre d'eau ; chaque goutte de stéarine fondue prendra la forme d'une petite fleur de muguet, dentelée sur ses bords. Vous montez ensuite ces fleurs sur des tiges en fil de fer mince et vous obtenez le muguet algérien, ainsi nommé parce qu'il vient.... de Bougie.

TOM TIT.

PERCER UN SOU AVEC UNE AIGUILLE

La dureté des corps solides

Cette expérience est basée sur la propriété de dureté des matériaux. Un corps est dit plus dur qu'un autre quand il a la capacité de rayer ce dernier, comme le diamant peut rayer le verre. L'acier peut rayer le cuivre car il est plus dur que lui. Il est même capable de le transpercer. Mais bien que matériau dur, l'acier reste fragile, si bien que lorsque l'on tente de percer une pièce de cuivre avec une aiguille, comme dans cette expérience, cette dernière va se plier ou se briser sans atteindre le but recherché. Pour la protéger et éviter qu'elle ne casse, il faut placer l'aiguille dans un bouchon de liège de même hauteur ; puis mettre la pièce sur un support moins dur que l'acier ou possédant du vide (un écrou par exemple), et y déposer le bouchon. Frapper celui-ci violemment avec un marteau. Si le coup est bien porté, l'aiguille traverse la pièce de cuivre et le bouchon est désintégré. Malheureusement, cette expérience ne fonctionne pas systématiquement, et il faudra plusieurs tentatives avant de réussir, car le coup de marteau doit être droit et précis, ce qui est difficile à réaliser. Attention, il ne faut ne pas tenter de transpercer des pièces de 1, 2 et 5 cents d'euro, car même si l'on parle d'elles comme de pièces en cuivre, seul leur revêtement l'est, le reste étant en acier, tout comme l'aiguille.

PERCER UN SOU AVEC UNE AIGUILLE

Introduisez l'aiguille dans l'axe d'un bouchon, de façon à faire saillir très légèrement la pointe ; coupez avec des tenailles la partie de la tête qui dépasserait de l'autre côté. Posez le sou sur une planche de bois blanc, mettez le bouchon debout sur le sou et appliquez sur le bouchon un vigoureux coup de marteau. Le bouchon sera cassé ; mais la pointe de l'aiguille aura traversé le sou si le coup a été appliqué bien d'aplomb. Le rôle du bouchon a été d'empêcher la flexion de l'aiguille.

TOM TIT.

LES CHEMINS DE FER RUSSES

L'hydrophobicité

Habituellement, lorsque de l'eau tombe sur du papier, elle s'étale et le gondole, car ce matériau est une surface dite hydrophile (qui « aime » l'eau). Dans cette expérience, la longue feuille de papier est préalablement imperméabilisée par un traitement au noir de fumée, pour que l'eau puisse glisser sans être absorbée. Elle peut être noircie en la plaçant dans la fumée d'une bougie ou d'une lampe, ou en la frottant soigneusement avec du charbon de bois. Cette couche protectrice de suie l'« isole » en quelque sorte. La surface devient alors imperméable à tout liquide : elle est dite hydrophobe. Placée sur la tranche de livres de tailles décroissantes, la longue feuille de papier forme des montagnes russes. Il suffit de faire tomber une goutte d'eau en haut du dispositif pour qu'elle roule sur le papier jusqu'en bas, comme une petite bille. L'eau reste sous la forme de goutte sphérique, car elle ne trouve aucune surface qui puisse l'absorber (la surface hydrophile). Sous cette forme, les milliards de molécules d'eau ($H2O$) se trouvent dans un état d'équilibre. En effet, le nombre de molécules, en contact direct avec la surface hydrophobe, ou l'air, est minimal (la surface d'une sphère). Ce phénomène se produit également lors des orages : les premières gouttes d'eau, qui tombent sur le sol brûlant, rebondissent comme de minuscules balles.

CHEMINS DE FER RUSSES

Placez un papier noirci avec du noir de fumée, comme le montre notre dessin, sur des livres de largeur inégale ; une goutte d'eau y roulera sans mouiller le papier et arrivera dans l'assiette du bas après le voyage accidenté des chemins de fer russes.

TOM TIT.

LE SCIEUR DE LONG

Les oscillations

Les scieurs de long travaillaient toujours en duo durant l'automne pour débiter dans leur longueur des troncs de chêne, d'orme, de châtaignier ou de hêtre. Celui qui se trouvait en haut de l'échafaudage se nommait « chevrier ». Il remontait la scie qui était guidée par le scieur placé en dessous, appelé « renardier ». Pour mimer ces scieurs de long, on peut utiliser ce petit montage à l'aide d'un bouchon, d'allumettes, d'un fil de fer d'environ 50 cm et d'une orange. Il faut veiller à bien courber le fil de fer sur 5 cm aux deux extrémités et dans le même sens, puis planter l'une d'entre elles dans la partie cylindrique du bouchon qui représente le buste du scieur, et la seconde dans l'orange. Le bouchon, posé sur deux allumettes, se retrouve alors en équilibre avec l'orange. Lorsque l'on impulse un mouvement de balancier, la tige et l'orange servent à régulariser le mouvement et à maintenir l'équilibre du scieur. Les balanciers d'horloge comme les balançoires sont construits sur ce principe. Le mouvement de va-et-vient, appelé « oscillation », est entretenu ici par l'orange, qui imprime au balancier une impulsion à chacune des deux alternances du mouvement du balancier. Pour parfaire la mise en scène, on peut coller au fil de fer une bande de papier dentelée qui formera la lame de la scie.

LE SCIEUR DE LONG

Faites un bonhomme avec un bouchon de Champagne dans lequel vous piquez 2 allumettes pour les jambes et 2 pour les bras. La tête en bouchon. Un fil de fer deux fois recourbé sera piqué d'une part dans la poitrine, de l'autre dans une orange. Collez une scie en carton sur le fil de fer et faites balancer le pantin au bord d'une table; il fera les mouvements d'un scieur de long.

TOM TIT.

L'ŒUF ENTRE DEUX EAUX

Le principe d'Archimède

Le principe d'Archimède, formulé au IIIe siècle avant notre ère, dit que tout corps plongé dans un liquide est soumis à l'action de deux forces opposées : la pesanteur, qui tend à le faire descendre, et la poussée du liquide, qui tend à le faire monter avec une force égale au poids du liquide déplacé par le corps. Le poids du corps est donc annulé partiellement ou en totalité par cette poussée. Dans cette expérience, l'utilisation d'un œuf frais dans un bocal rempli d'eau permet de montrer que ce principe dépend de la densité des corps et des liquides. Dans de l'eau normale, l'œuf frais coule à pic, car la densité de l'œuf est supérieure à celle de l'eau. Dans de l'eau saturée en sel, c'est-à-dire quand le sel rajouté ne se dissout plus dans l'eau, l'œuf flotte car la densité de l'eau est devenue supérieure à celle de l'œuf. C'est pour cela qu'il est généralement plus facile de nager dans de l'eau de mer salée que dans l'eau douce d'un lac ou dans une piscine, car la plus forte densité de l'eau de mer permet de se maintenir plus facilement à la surface. Dans la mer Morte, connue pour son extrême salinité, les baigneurs flottent sans effort. En mélangeant de l'eau douce et de l'eau salée, il est possible d'obtenir une eau salée ayant exactement la même densité que l'œuf, qui reste au milieu du bocal. En ajoutant une poignée de sel, il remontera vers la surface, et inversement en ajoutant un peu d'eau non salée.

L'ŒUF ENTRE DEUX EAUX

Mettez un œuf frais dans un bocal d'eau pure ; il tombera immédiatement au fond ; mettez cet œuf dans de l'eau fortement salée ; il flottera à la surface ; en mélangeant l'eau pure et l'eau salée, vous arrivez à obtenir un liquide dans lequel l'œuf se tient à n'importe quelle hauteur ; s'il monte à la surface, nous ajouterons un peu d'eau pure ; s'il descend vers le fond, nous jetons dans le bocal une pincée de sel, jusqu'à ce que l'œuf reste entre deux eaux, comme l'indique notre dessin.

TOM TIT.

LE VERRE DE CRISTAL

L'illusion d'optique

En faisant tourner les deux extrémités d'un élastique tenu entre le pouce et l'index de chaque main, on peut donner assez de vitesse pour faire visuellement croire que l'épingle recourbée et piquée est un verre de cristal. En arrondissant la forme de l'épingle, il est possible de faire apparaître une coupe de champagne ou une cloche à fromage. L'effet est plus joli encore si la pièce est sombre et que les rayons du soleil frappent directement le dispositif. La vitesse de rotation produit cette illusion d'optique. Elle est trop rapide pour que l'œil perçoive les différentes positions de l'épingle quand elle tourne. Le système visuel humain, allant de l'œil jusqu'au cerveau, ne perçoit en effet qu'une image globale qui ressemble à un objet transparent lumineux : c'est une image dite rémanente. Pour expérimenter ce phénomène, on peut aussi remplacer l'élastique par une fine baguette en bois, comme un pic à brochette, et y coller deux images l'une derrière l'autre. D'un côté un oiseau et de l'autre une cage. En faisant rouler rapidement la baguette entre ses paumes, on fera rentrer l'oiseau dans la cage. Dans la nature, selon ce principe, on perçoit les grosses gouttes de pluie qui tombent comme des filets liquides.

LE VERRE DE CRISTAL

Piquez dans un caoutchouc (un élastique de bottine, par exemple), une épingle recourbée et faites tourner le caoutchouc au soleil entre vos doigts ; l'épingle semblera figurer un joli verre de cristal, par suite d'une illusion d'optique.

TOM TIT.

LE BOUCHON RÉCALCITRANT

La compressibilité des gaz

Si un bouchon est placé dans un goulot plus large que lui, il s'obstinera à ressortir lorsque l'on souffle sur lui. L'air à l'intérieur de la bouteille est en effet en équilibre avec celui de l'extérieur : le bouchon ne fermant pas hermétiquement, il n'empêche pas le passage des molécules constituant l'air. Précisons que l'air est un gaz composé de molécules : beaucoup de dioxyde d'azote, du dioxygène, du dioxyde de carbone, mais aussi des traces d'hélium, de néon, d'argon… Au début de cette expérience, ces molécules sont soumises à la même pression à l'intérieur qu'à l'extérieur. Mais lorsque l'on souffle sur le bouchon, tout change : la pression de l'air à l'intérieur augmente, et les molécules d'air en excès s'échappent immédiatement par le goulot, entraînant avec elles le bouchon. Les pressions entre l'intérieur et l'extérieur retrouvent alors quasi instantanément leur équilibre.

LE BOUCHON RÉCALCITRANT

Prenez une bouteille vide, tenez-la horizontalement et placez dans le goulot un petit bouchon de pharmacie, beaucoup moins large que le goulot de la bouteille. Proposez au public de faire entrer ce bouchon dans la bouteille en soufflant dessus. Chacun vient souffler à tour de rôle, fort ou doucement, et le bouchon s'obstine à sauter au nez du souffleur, refusant énergiquement d'entrer dans la bouteille. Cela est dû à ce que, tout en soufflant sur le bouchon, vous avez comprimé l'air contenu dans la bouteille. L'expérience réussit également avec une carafe et un bouchon ordinaire. **TOM TIT.**

UN TOURNIQUET HYDRAULIQUE AVEC DEUX ÉPINGLES À CHEVEUX

La propulsion

Dans cette expérience, on assiste à la propulsion par réaction, qui repose sur le principe de l'action et de la réaction décrit par Isaac Newton. À toute action ou force correspond une réaction ou autre force égale et de sens opposé. Ici, l'eau est éjectée par le système dans un sens, c'est l'action, ce qui exerce une poussée contre l'air, ou la réaction, qui entraîne à son tour la propulsion du système dans l'autre sens. La force de propulsion dépend du débit de chute d'eau dans la gouttière : plus le débit est fort, plus le système tournera vite. Cette force est appelée « poussée », et ici, l'eau exerce une poussée latérale. Son intensité est exprimée en newton ou « N ». La présence de deux sorties d'eau opposées permet de pousser le système dans le même sens et d'équilibrer la rotation des épingles sur la pointe. Aujourd'hui, les manuels de physique proposent de fabriquer facilement des tourniquets hydrauliques grâce à une bouteille d'eau et des pailles.

TOURNIQUET HYDRAULIQUE AVEC DEUX ÉPINGLES A CHEVEUX

Collez l'une à l'autre, avec un peu de cire à cacheter, deux épingles à cheveux, de manière à former une gouttière entre les deux épingles ainsi réunies. Recourbez à angle droit les deux extrémités de chaque épingle, mais dans deux sens différents, comme le montre notre dessin. Posez un crayon debout sur une assiette, placez à cheval sur sa pointe les deux épingles, et versez au sommet un petit filet d'eau ; par un effet de tourniquet hydraulique, vous les verrez tourner rapidement.

TOM TIT.

LA COUDÉE

Les unités de mesure non métriques

La coudée est une unité de longueur datant de l'Antiquité. Propre à chaque individu, cette mesure correspond à la longueur allant du coude à l'extrémité du majeur lorsque les deux parties du bras sont à l'équerre et la main totalement ouverte. L'ancienne Égypte et la Grèce antique utilisaient les parties du corps comme unités de mesure : doigt, pied, coudée ou bras. Si à l'époque ces unités de mesure étaient non métriques, puisque propre à chacun, la coudée dite naturelle équivaut aujourd'hui à environ 45 cm, soit 24 doigts, 6 paumes ou 2 empans. L'empan correspond à la distance entre l'extrémité du pouce et celle du petit doigt dans leur écart maximal, et mesure environ 20 cm. L'expérience présentée ici consiste à mesurer sur une canne l'équivalent de sa propre coudée, en prenant soin de bien étendre la main et en repérant l'endroit où arrive l'extrémité du majeur.

LA COUDÉE

Placez l'extrémité de votre coude gauche au bout d'une canne, en appliquant contre elle l'avant-bras et la main ouverte. Prenez la canne de la main droite, que vous placez juste à l'endroit où arrivait le bout du doigt majeur de la main gauche. Tenez la canne horizontalement et essayez d'amener le bout de la canne à votre bouche ; vous verrez comme c'est difficile ! On peut piquer une pomme au bout de la canne ; elle sera pour celui qui aura pu la prendre avec ses dents.

TOM TIT.

L'ÉQUILIBRE D'UNE CUILLÈRE À POT

La gravité

Voici une petite expérience d'équilibriste. Placer une louche sur la pliure externe d'un canif ou d'un autre couteau pliant. Poser le dispositif sur le bord d'une table, le couteau entrouvert formant un pont sur lequel est accrochée la louche. On s'imagine alors que le dispositif va chuter. Au contraire, le couteau oscille d'avant en arrière et simultanément, la louche se balance jusqu'à ce qu'elle parvienne à un point d'équilibre stable. Avec elle, c'est tout le dispositif qui est en équilibre sur la table, grâce au positionnement adéquat de son centre de gravité. Le centre de gravité est le point où s'applique les forces de gravité et de pesanteur ; il est donc dépendant du champ de gravité. Dans ce dispositif, il est la résultante des forces de gravité de la louche et du couteau. L'intérieur de la louche, qui porte l'essentiel du poids de l'objet, est positionné sous la table, son centre de gravité l'est donc également. Le couteau, quant à lui, se positionne pour que le centre de gravité du dispositif soit central. Il bascule vers l'avant, c'est-à-dire en dehors de la table. Si la louche est remplie de sable, ni elle ni le couteau ne tomberont immédiatement. Son centre de gravité se déplacera en effet vers le bord de la table, ce qui provoquera également le basculement du couteau vers elle, et donc son redressement jusqu'à ce que le montage formé par les deux objets atteigne un nouveau point d'équilibre.

ÉQUILIBRE D'UNE CUILLER A POT

Placez un couteau pliant entr'ouvert sur le bord d'une table, la pointe du couteau et le bout du manche touchant cette table, et accrochez au milieu une cuiller à pot, l'intérieur de la cuiller tourné du côté de la table. Non seulement le couteau ne tombera pas, mais si vous chargez la cuiller avec un peu de sable, il se relèvera et cela tant que le centre de gravité du système sera en arrière du bord de la table.

TOM TIT.

LES TROIS BULLES DE SAVON DANS UNE SEULE

La bulle de savon

Pour enfermer une bulle dans une plus grande, qui sera prisonnière dans une autre encore plus grande, il faut superposer trois plateaux de tailles différentes. À l'aide d'une paille, souffler pour former la plus grosse bulle et recouvrir le plus grand plateau situé en bas, qui entourera tout le système, puis la bulle moyenne sur le second support et enfin la plus petite. Tous les éléments du dispositif doivent être mouillés à l'eau savonneuse, sinon les bulles risquent d'éclater. Une bulle de savon est une membrane, comme celle des cellules, constituée d'une couche d'eau comprise entre deux couches de molécules de savon. Celles-ci sont des molécules amphiphiles dont la forme pourrait s'apparenter à un têtard. Elles possèdent une tête hydrophile, qui aime et interagit avec l'eau, et une longue queue hydrophobe, qui fuit l'eau. Les « queues » des molécules sont dirigées soit vers l'extérieur de la bulle, soit vers son intérieur. Ces membranes de savon sont élastiques et nécessitent un apport d'énergie, même faible, pour être étirées, afin d'augmenter le nombre de molécules à la surface de la bulle. Ainsi plus on souffle dans une bulle, plus sa surface augmente. La pression de l'air à l'intérieur est légèrement supérieure à la pression atmosphérique environnante, ce qui permet le maintien de la bulle gonflée.

3 BULLES DE SAVON DANS UNE SEULE

Mouillez d'eau de savon, puis superposez un verre, une soucoupe, un bouchon, une pièce de 5 francs, un bébé en porcelaine portant une rondelle de carton sur sa tête. Soufflez une première bulle, la plus grosse, qui descend le long de la poupée et s'arrête à la soucoupe, puis la bulle intérieure sur la pièce et enfin la troisième sur la rondelle.

TOM TIT.

LE COUP DE CANON

Le gaz carbonique

Faire sauter un bouchon de champagne en imitant un coup de canon est facile. Pour réaliser l'expérience, il faut une bouteille vide au verre épais, remplie à un tiers environ d'eau. Y ajouter une petite cuillère de bicarbonate de soude qu'on laisse se dissoudre. Dans une carte à jouer enroulée en forme de cylindre, mettre de la poudre d'acide tartrique et boucher l'une des extrémités de ce tube avec du papier buvard. Attacher ce petit paquet grâce à un fil, lui-même relié au bouchon, puis fermer la bouteille. Il doit être suspendu au-dessus de l'eau, et surtout sans la toucher. Prendre deux crayons de tailles différentes disposés horizontalement et y coucher délicatement la bouteille. L'eau pénètre alors dans le tube en carton pour dissoudre l'acide tartrique. Le mélange de bicarbonate de soude et d'acide tartrique provoque alors la formation brutale de gaz carbonique, qui cherche à s'échapper de la bouteille. La pression étant trop forte, le gaz expulse le bouchon dans une belle explosion, et la bouteille recule en roulant sur les crayons, telle une pièce d'artillerie.

LE COUP DE CANON

L'eau de Seltz se fait avec deux poudres : le bicarbonate de soude et l'acide tartrique. Dissolvez du bicarbonate dans l'eau d'une bouteille tenue debout ; suspendez au-dessous du bouchon un petit paquet d'acide tartrique, enveloppé de papier buvard, et bouchez solidement. Couchez la bouteille sur 2 crayons, le coup de canon partira et vous verrez le recul de la pièce ! ! !

TOM TIT.

LE SOU SUR LA POINTE D'UNE ÉPINGLE

La gravité

Pour réussir ce petit tour d'équilibriste, il faut prendre une épingle à cheveu repliée telle que sur l'image : un côté ouvert sur l'extérieur, pour y enfiler une grosse bague par exemple, et l'autre replié vers l'intérieur pour y coincer une pièce de dix cents d'euro. Ce montage est ensuite délicatement posé sur la pointe d'une grosse aiguille, tenue à la verticale. L'ensemble tient en équilibre si la bague est assez lourde. Si ce n'est pas le cas, on peut en mettre une seconde. En effet, le poids de la bague contrebalance celui de la pièce pour que le centre de gravité du montage, c'est-à-dire le point qui permet de garder l'équilibre, soit placé à la verticale de l'épingle. Si l'on souffle sur la bague, le montage se met à tourner rapidement sans tomber car même en mouvement, il reste parfaitement équilibré malgré son aspect précaire. Si l'épingle est en acier et à force de tourner, la pièce finira par être percée. L'acier étant plus dur que le métal de la pièce, la pointe creusera petit à petit un trou.

LE SOU SUR LA POINTE D'UNE ÉPINGLE

Repliez une épingle à cheveux, d'un côté en forme de crochet ouvert à l'extérieur, de l'autre en crochet fermé à l'intérieur, comme le montre le dessin. Placez une pièce de dix centimes en serrant bien son bord dans le crochet de droite ; suspendez de l'autre côté de l'épingle une bague et posez le bord de la pièce sur la pointe d'une épingle ; elle s'y tiendra en équilibre et, en soufflant sur l'appareil, vous la verrez tourner rapidement sur la pointe de l'épingle.

TOM TIT.

LE FIL COUPÉ DANS LA BOUTEILLE

La convergence

Les rayons du soleil sont riches en énergie lumineuse et voyagent parallèlement les uns par rapport aux autres. La loupe étant une lentille convergente, elle permet de les orienter vers un même point. C'est le principe de la convergence. Ce phénomène est réalisable grâce aux propriétés de cet instrument d'optique, qui est un milieu transparent homogène, séparé de l'air par deux surfaces appelées « dioptres ». Lorsqu'un rayon lumineux traverse le premier dioptre, il est dévié. C'est ce que l'on appelle la réfraction, c'est-à-dire le changement de direction d'un faisceau lumineux lors de la traversée d'une paroi. Son principe a été décrit par la loi de Snell-Descartes. La conversion des rayons du soleil en un point unique permet de concentrer toute l'énergie lumineuse en ce même point qui, s'il se trouve sur un objet inflammable comme du papier ou de la ficelle, se met alors à brûler. Dans cette expérience, la ficelle rompt sous l'action des rayons du soleil concentrés par la loupe, et la pièce de monnaie ou le bouton de métal tombe dans la bouteille. Attention toutefois de ne jamais jouer par temps de pluie.

LE FIL COUPÉ DANS LA BOUTEILLE

Suspendez au bouchon d'une bouteille un fil noir terminé par un bouton de bottine ; cachetez la bouteille et pariez de couper le fil qni est à l'intérieur. Il vous suffit pour cela de prendre une lentille de cristal et de concentrer sur le fil les rayons du soleil, qui brûlent le fil et le bouton tombe.

TOM TIT.

LE TRACÉ DE L'ŒUF

La technique du jardinier

Un œuf ressemble à une ellipse. La technique dite « du jardinier » permet de dessiner facilement ces deux objets. Le jardinier plante 2 piquets à 2 points appelés « foyers », puis attache une corde non tendue entre eux. À l'aide d'un 3ᵉ piquet, il tire sur la corde pour dessiner une plate-bande en forme d'ovale. En géométrie, une ellipse est une courbe plane telle que la somme des distances de chacun de ses points aux deux foyers est constante. Pour dessiner l'œuf, il faut simplement planter deux punaises sur une planche et attacher un fil à l'une d'elles. Tendre le fil pour faire le tour de la seconde punaise par la droite et le remonter vers la première. Sur cette extrémité, accrocher un stylo grâce à une boucle. En tirant sur le fil descendant, tracer la partie droite de l'œuf. Pour dessiner l'autre moitié, contourner cette fois-ci la seconde punaise par la gauche et procéder de même. Résultat, on obtient un œuf. Pour avoir des œufs plus ou moins grands et gros, il suffit de faire varier la distance entre les deux punaises et la longueur du fil. Par exemple, une longueur de fil courte fera passer le tracé entre les deux punaises et non à l'extérieur, mais gardera la forme d'un œuf.

LE TRACÉ DE L'ŒUF

Piquez deux épingles dans le papier ; prenez un bout de fil plus long que la distance de ces deux épingles, et terminé par deux boucles. Accrochez une de ces boucles à l'une des épingles, et passez dans l'autre boucle la pointe de votre crayon, après que l'extrémité du fil a contourné la seconde épingle, comme le montre notre dessin. Vous tracez ainsi, en poussant le crayon contre le fil, la moitié de l'œuf située d'un même côté de l'axe. Mettez le fil en sens inverse, et vous tracerez l'autre moitié.

TOM TIT.

LES LARMES DE CROCODILE

La fluorescéine

La fluorescéine est une substance artificielle. Son nom en chimie est le 3H-xanthène-3-one. Elle a été découverte et synthétisée en 1871 par le chimiste allemand Adolf von Baeyer. De couleur rougeâtre en transparence, elle émet de la fluorescence jaune-verte quand elle est plongée dans l'eau, sous l'action des ultraviolets de la lumière du jour. Aujourd'hui, elle a de multiples applications : elle est utilisée pour suivre les cours d'eau souterrains, détecter les fuites, et dans le domaine médical elle a longtemps été utilisée en imagerie. La fluorescéine a un pouvoir colorant très élevé. En 1877, le géologue Adolf Knop a versé dans le Danube 10 kg de fluorescéine. Trois jours plus tard, la substance était visible dans la rivière de l'Aach, ce qui prouvait que cette rivière était issue des eaux du grand fleuve. Les 10 kg ont suffit à colorer plus de 200 millions de litres d'eau ! Dans cette expérience, on utilise des petits carrés de papier buvard déjà imprégnés d'une solution de fluorescéine qui se détache dans l'eau sous la forme de grosses gouttes ou de fusées vers le fond du bocal, avant de colorer l'intégralité de l'eau. Cette propriété s'applique à d'autres colorants, comme le violet de gentiane (appelé aussi « violet de Paris » ou « cristal violet ») ou un colorant jaune-orangé appelé « chrysoïdine ».

LES LARMES DE CROCODILE

Posez sur l'eau d'un grand bocal de petits morceaux de papier buvard, et aussitôt on voit descendre dans le liquide de longs filaments, d'un vert admirable à reflets jaunes et se terminant par de grosses larmes vertes auxquelles on a donné le nom de larmes de crocodile. Tout le secret consiste à tremper le papier buvard dans une dissolution ammoniacale de *fluorescéine*, substance colorante qui se trouve partout aujourd'hui. TOM TIT.

LE PLONGEUR
L'eau de Seltz

Pour fabriquer un plongeur, il faut utiliser une petite boîte en carton avec un fond percé de trous et un couvercle perforé en son centre et muni d'un petit système de soupape : une rondelle en carton en dessous reliée à une rondelle en liège grâce à un petit fil de fer. La boîte est aussi lestée de clous et d'une bouteille remplie d'un mélange d'acide carbonique et de bicarbonate de soude en poudre, nécessaires pour faire de l'eau de Seltz. À l'origine, cette eau minérale naturellement gazeuse connue depuis le XVIe siècle provient de la ville de Niederselters en Allemagne. Au milieu du XIXe siècle, on commence à en fabriquer artificiellement en ajoutant du dioxyde de carbone, ou gaz carbonique. Le mélange de poudres d'acide carbonique et de bicarbonate de soude se transforme en gaz carbonique lorsque l'eau entre en contact avec elles. La transformation se produit lorsque la boîte en carton « coule » dans un grand bocal d'eau (l'eau rentre par les petits trous du fond de la boîte). Le gaz carbonique libéré fait remonter la boîte à la surface, entraînée par le bouchon de liège. Lorsque le couvercle arrive à la surface, le bouchon de liège redescend, libère la rondelle de carton qui obturait le trou du couvercle et le gaz carbonique est libéré. La boîte, entraînée par son poids, replonge vers le fond du bocal. Ce va-et-vient se poursuit tant qu'il y a de la poudre pour former du gaz carbonique.

LE PLONGEUR

La boîte en carton contient un petit flacon dont le bouchon est percé d'un trou; elle porte une soupape en bouchon sur son couvercle. Le flacon contient les deux poudres pour faire l'eau de Seltz. Mettez la boîte dans l'eau et elle plongera puis remontera à la surface au moins 50 fois de suite.

TOM TIT.

LA BOUGIE ÉTEINTE ET RALLUMÉE

Pyrotechnie

Cette expérience de pyrotechnie utilise les propriétés de combustion particulière des matériaux, sans avoir recours à l'oxygène de l'air. Préparer deux petits tubes, bouchés à l'une des extrémités et remplis de sable aux 3/4. Dans le premier, ajouter un peu de poudre noire, ou poudre de chasse, composée de salpêtre, de soufre et de charbon de bois. Dans le second, déposer un petit morceau de phosphore. On peut compléter avec des silhouettes collées aux extrémités fermées, donnant l'impression qu'elles soufflent dans les tubes. Lorsque la bougie est allumée et que l'on approche le premier tube, la poudre s'enflamme et explose, comme dans un fusil de chasse ou un canon. La déflagration induit un déplacement d'air qui ressort du tuyau vers la bougie, similaire à un souffle assez puissant pour l'éteindre. Dans la continuité du déplacement d'air, la fumée produite est entraînée vers le second tube contenant le phosphore. Ce matériau chimique est un élément dit igniteur, c'est-à-dire qui donne naissance à une flamme, et ce dès 60 °C. Sous sa forme rouge, il est présent sur les allumettes et d'autres dispositifs pyrotechniques. Dans cette expérience, il s'enflamme car la fumée est assez chaude. Puis, si l'on rapproche ce second tube de la bougie, celle-ci se rallume. Bien entendu, il est très fortement conseillé de manipuler le phosphore et la poudre avec précautions et sous la surveillance d'un adulte.

LA BOUGIE ÉTEINTE ET RALLUMÉE

Mettez un grain de poudre au bout d'un tuyau de plume et approchez-le d'une bougie allumée ; la poudre s'enflamme, mais éteint la bougie ; c'est le contraire avec un morceau de phosphore qui s'enflamme et rallume la bougie. Vous pouvez découper deux poupées en carton, tenant chacune l'un de ces tuyaux.

TOM TIT.

UN PETIT TROU POUR UNE GRANDE PIÈCE

La géométrie du cercle

À l'époque de Tom Tit, une pièce de deux francs avait un diamètre de 27 mm et une pièce de cinquante centimes, un de 18 mm. Dans cette expérience, la première passe par le trou d'une feuille de papier de la taille de la seconde. Aujourd'hui, on peut utiliser une pièce de 2 € (diamètre de 25,75 mm) et de 2 cents d'euro (diamètre de 18,75 mm). Cette expérience est irréalisable si l'on raisonne à plat ou en deux dimensions. En effet, il est physiquement impossible de faire passer une pièce de 27 mm dans un trou de 18 mm de diamètre. En revanche, si l'on pense en trois dimensions, la grosse pièce peut passer par le petit trou sans déchirer le papier. Le trou de la taille de la pièce de 50 cents fait également 18 mm de diamètre, et selon la formule de géométrie du cercle, le tour de ce trou appelé « circonférence », ou encore « périmètre », est égal au diamètre multiplié par π, soit environ 56,5 mm. Si l'on plie la feuille en deux au niveau du trou, l'ouverture sera alors égale à la moitié de la circonférence, soit 28,25 mm. Cette ouverture est juste suffisante pour faire passer la pièce de 2 €, si l'on considère son diamètre et son épaisseur.

UN PETIT TROU POUR UNE GRANDE PIÈCE

Posez, sur une feuille de papier, une pièce de cinquante centimes, tracez le contour et découpez-le. La pièce passera tout juste par ce trou. Or je propose d'y faire passer maintenant, sans déchirer le papier, une pièce de deux francs, dont le diamètre est beaucoup plus grand ! Il suffit, pour exécuter ce tour qui semble impossible, de plier en deux le papier, suivant le diamètre du trou. On met à l'intérieur la pièce de deux francs et on la tire doucement de façon à élargir l'écartement du papier, la pièce passe ainsi très facilement.

TOM TIT.

L'ANNEAU DE PAPIER

Le principe d'inertie

L'expérience démontre le principe de l'inertie. Cette propriété est propre aux objets ou aux corps. Selon elle, ils ne peuvent pas d'eux-mêmes modifier l'état (mouvement ou repos) dans lequel ils se trouvent. Ici, une pièce de monnaie d'une certaine masse est posée sur un large cercle de papier (d'au moins 8 cm de diamètre) placé en équilibre sur un goulot de bouteille. Grâce à une baguette introduite à l'intérieur de l'anneau, on donne un coup sec à l'horizontale sur l'un de ses côtés. Le papier est alors éjecté latéralement, loin de la bouteille. En revanche, la pièce de monnaie ne suit pas la même trajectoire : elle tombe dans la bouteille verticalement. Il faut bien sûr choisir une pièce plus petite que l'ouverture de la bouteille. La clé réside dans la rapidité du coup donné au papier. En effet, la pièce n'a pas le temps de suivre le mouvement donné au cercle, et selon le principe d'inertie, elle est irrémédiablement entraînée vers le bas par sa masse, par simple gravité. De nombreux tours de magie sont basés sur ce principe. Par exemple, on peut poser une pièce de monnaie sur une carte posée sur l'index de sa main la plus faible. Une pichenette sur un coin de la carte avec sa main dominante l'écarte au loin en tournoyant, laissant la pièce sur le doigt. Le tour le plus impressionnant est sans nul doute celui du prestidigitateur, qui tire d'un coup sec la nappe blanche d'une table finement dressée sans casser le moindre verre.

L'ANNEAU DE PAPIER

Posez verticalement un anneau de papier de 8 c. de diamétre sur le goulot d'une bouteille vide et, sur le haut de l'anneau, mettez une piéce de 50 centimes. Avec une baguette, placée à l'intérieur de l'anneau, donnez un fort coup horizontal pour l'enlever ; la piéce, au lieu d'être projetée au loin, tombera exactement dans le goulot de la bouteille, par suite de la rapidité du choc. **TOM TIT.**

LES VALSEURS INFATIGABLES
L'hydrophobicité

En utilisant des rondelles de liège, des aiguilles et du camphre, il est possible de construire un mobile représentant des danseurs qui peuvent tourner sans jamais s'arrêter à la surface de l'eau. Le camphre, extrait du camphrier, est surtout connu pour ses propriétés antimites. C'est un composé solide dit hydrophobe, qui n'aime pas l'eau, tout comme l'huile. Ainsi, la tension superficielle de surface existant aux interfaces eau/liège est plus importante qu'aux interfaces eau/camphre. Les forces d'attraction de l'eau sont donc plus fortes avec le liège qu'avec le camphre. Les morceaux de liège se déplacent à la surface de l'eau, comme s'ils étaient poussés par les morceaux de camphre. Ceux-ci étant placés dans le même sens de rotation autour des valseurs, la différence de tension superficielle de surface fait donc tourner le mobile sur lui-même. Cette valse peut durer plusieurs jours, car le camphre, insoluble dans l'eau, conserve dans le temps ses propriétés d'hydrophobicité. Au milieu du XIXe siècle, cette propriété a d'ailleurs été utilisée pour équiper de petits jouets en plastique flottants. Des cartouches interchangeables, contenant deux ou trois cylindres de camphre d'environ 1 mm, servaient de moteurs à accrocher à l'arrière des jouets.

LES VALSEURS INFATIGABLES

Enfoncez en croix deux fines aiguilles à coudre dans une petite rondelle de bouchon ; à chaque extrémité des aiguilles, piquez une petite plaque de liége verticale, puis collez sur chaque plaque, et toujours du même côté, un petit morceau de camphre. Cet appareil, posé sur l'eau, se met à tourner sur lui-même pendant plusieurs jours. Vous pouvez piquer, au milieu de la rondelle, une aiguille sur laquelle vous collez des valseurs découpés dans du papier mince. Ce seront les valseurs infatigables. TOM TIT.

LA TOUPIE ÉBLOUISSANTE
L'illusion d'optique

Ce petit effet d'optique transforme un simple fil de fer galvanisé en un verre en cristal. Comment ? En faisant tourner très vite le fil, le cerveau lie toutes ces images entre elles. C'est en effet à partir de dix images/s qu'il perçoit une impression de fluidité. Plus il y a d'images par seconde, plus le mouvement est fluide. Aux débuts du cinéma, la cadence de prise de vues était de 16 à 18 images/s, et celles-ci étaient projetées à la même vitesse. Aujourd'hui, lorsque l'on visionne un vieux film, on doit le projeter à la cadence de 24 images/s, avec un effet accéléré assez caractéristique. À la télévision française, la cadence est de 24 images/s et de 30 à la télévision américaine. À ces vitesses de défilement, l'œil ne perçoit plus le changement d'une image à l'autre. C'est exactement ce qu'il se passe sur le montage présenté dans cette expérience. Le fil de fer galvanisé, recouvert d'une fine couche de zinc pour le protéger de la corrosion, doit être soigneusement recourbé pour donner la forme d'un demi-verre. Monté sur une toupie et entraîné par une ficelle, il tourne très rapidement. La rotation rapide de la toupie présente successivement tous les profils d'un verre. L'œil ne perçoit alors qu'une image brillante et transparente du verre.

LA TOUPIE ÉBLOUISSANTE

Faites tourner avec une ficelle un petit moulin fait avec un porte-plume et deux coquilles de noix. Dans le bout creux du porte-plume, qui est vertical, placez de petits morceaux de fil de fer galvanisé recourbés qui figureront, en tournant au soleil ou à la lumière, de jolis objets en cristal, verres, carafes, etc.

TOM TIT.

LE POISSON SAVANT

La compressibilité des gaz

Pour fabriquer un poisson rouge qui descend ou monte dans un bocal d'eau lorsqu'on le lui ordonne, il faut une coquille d'œuf entière et vide, et un corps en tissu rouge lesté d'un petit plomb. Au départ, le poisson flotte à la surface grâce à la présence d'air dans la coquille : sa partie inférieure et son corps baignent dans l'eau. Fermer ensuite hermétiquement le haut du bocal avec une feuille de plastique imperméable. Il ne doit pas y avoir d'échanges d'air avec l'extérieur. En appuyant sur le plastique avec sa main, le poisson s'immerge et descend dans le bocal. En effet, le volume d'air situé au-dessus de l'eau diminue, induisant une pression sur celle-ci. Ainsi poussée, une petite quantité d'eau entre dans la coquille par le petit trou immergé, comprimant à son tour l'air retranché dans le haut de la coquille. Le poisson est entraîné vers le fond par le poids de l'eau entrée dans la coquille et par celui du petit plomb placé dans le corps en tissu. En cessant d'appuyer sur le plastique, l'air comprimé dans la coquille d'œuf chasse l'eau qui s'était engouffrée pour reprendre toute sa place. Ainsi allégé, le poisson remonte à la surface.

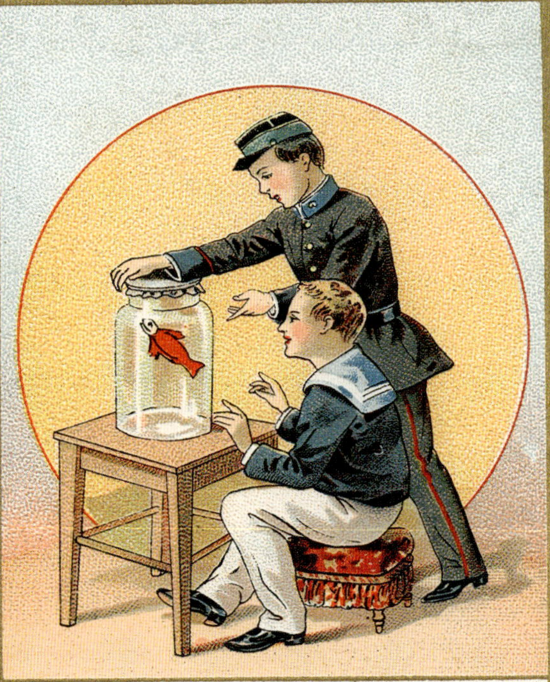

POISSON SAVANT

Ce poisson est un ludion fabriqué avec une coquille d'œuf vide et percée d'un tout petit trou ; on y a collé, avec de la cire, le corps du poisson en flanelle rouge, convenablement lesté avec du plomb de chasse. En appuyant sur la membrane qui ferme le bocal d'eau, le poisson descend ; il remonte si vous enlevez votre main.

TOM TIT.

LA FORCE DU SOUFFLE

L'élasticité des gaz

L'air expiré peut aisément soulever de gros objets, voire le poids d'un être humain : tout est une question de pression. L'air est composé de molécules de gaz. S'il est soufflé dans une enceinte fermée mais souple, un sac en papier par exemple, les molécules qu'il contient vont y entrer en ligne droite jusqu'à ce qu'elles rencontrent les parois. En rebondissant, elles les repoussent, ce qui a pour effet d'augmenter le volume du sac, et ce jusqu'à ce que le volume maximal soit atteint. C'est ainsi que l'on peut soulever deux gros livres grâce à un simple sac en papier. Il est possible d'élever le niveau de ce tour de force en utilisant par exemple un matelas pneumatique, équipé d'un tuyau avec un système de valve hermétique, que l'on gonfle à la bouche, et sur lequel est couché un enfant. Après chaque expiration, il faut immédiatement refermer la valve pour que l'air ne s'échappe pas. On parvient ainsi à soulever l'enfant rien qu'à la force du souffle, que l'on peut mesurer grâce à un spiromètre. Cet appareil médical permet de contrôler les différents paramètres de la capacité pulmonaire : les volumes pulmonaires et les débits d'expiration et d'inspiration. Un homme de 35 ans mesurant 1,75 m aura un débit maximal d'expiration supérieur à 600 l d'air par minute et une capacité d'expiration moyenne de 0,6 l d'air !

LA FORCE DU SOUFFLE

Prenez un sac en papier fort, posez-le à plat sur la table, l'ouverture tournée vers vous. Posez sur ce sac deux gros livres, par exemple les deux dictionnaires de Bottin, l'un debout, l'autre couché sur le premier, comme le montre notre dessin. Annoncez que vous allez culbuter ces deux gros livres par la seule force de votre souffle. Vous n'avez qu'à gonfler le sac en soufflant dedans ; il soulèvera facilement les deux livres qui seront culbutés instantanément.

TOM TIT.

LE VOLANT JAPONAIS

La chute des corps

Qui ne s'est jamais extasié devant la chute tourbillonnante des samares, les graines d'érable ailées, et ne s'est amusé à les ramasser et à les jeter en l'air pour les voir retomber ? Il n'est pas nécessaire d'attendre l'automne pour voir ce phénomène, on peut le reproduire chez soi toute l'année. Pour ce faire, créer un patron avec du papier fort ou du carton en dessinant une lame de sabre japonais avec un cercle à son extrémité. À partir de ce patron, on peut produire autant de samares en papier que l'on veut. Fixer dans les cercles un poids, comme de la mie de pain, et lancer les volants le plus haut possible : ils tournoient dans leur chute. Comme tout objet lâché dans les airs, ces sabres suivent la loi de la chute des corps. Ils sont attirés vers le sol avec une vitesse dépendante de la constante d'accélération de la pesanteur « g ». La masse du sabre est majoritairement celle de l'objet placé dans le cercle de papier. Cet objet tombe en premier, et la figure représentant le sabre suit comme une queue. Dans sa chute, le sabre tourne autour d'un axe situé du côté de l'objet, là où se trouve l'essentiel de la masse. Il se crée un tourbillon dans l'air le long de la queue et au-delà. Ce tourbillon induit une dépression dont la force s'oppose à celle du poids de l'objet, qui l'entraîne vers le sol. Cette force de dépression ralentit la chute des sabres et permet aux samares en papier de tournoyer dans les airs plus longtemps.

VOLANT JAPONAIS

Dessinez, sur du papier fort, une lame de sabre terminée en bas par une circonférence. Découpez-la avec des ciseaux ; elle vous servira à tracer, sur du papier fin de diverses couleurs, une grande quantité de lames semblables. Sur la partie arrondie de chacune, vous collerez des pains à cacheter ou de toutes petites boulettes de mie de pain. Jetez-les en l'air, le plus haut possible, comme des volants, et vous les verrez retomber toutes en tournoyant, ce qui produit l'effet le plus gracieux.

TOM TIT.

INDEX DES PRINCIPES SCIENTIFIQUES

POUR EN SAVOIR PLUS

Boqueho (Vincent), *Toute la physique sur un timbre-poste*, Dunod, 2013.

Courty (Jean-Michel), *La Physique surprise*, Belin, 2013.

Fadel (Kamil), *Vous avez dit physique ? De la cuisine au salon, de la physique partout dans la maison !*, Dunod, 2015.

Gray (Théodore) et Mann (Nick), *Atomes. Une exploration visuelle de tous les éléments connus dans l'Univers*, Place des victoires, 2014.

Klein (Étienne), *Le Monde selon Étienne Klein*, Équateurs, 2014.

Pickover (Clifford A.), *Le Beau Livre de la physique - Du Big Bang à la résurrection quantique*, Dunod, 2012.

Poizat (Jean-Claude) et Ray (Cédric), *La Physique par les objets quotidiens*, Belin, 2014.

Rothen (François), *Surprenante Gravité*, Presses Polytechniques et Universitaires Romandes, 2008.

Tom Tit, *La Science amusante de « l'Illustration ». Cent expériences*, Larousse, 1995.

Tom Tit, *La Science amusante 2e série. Cent nouvelles expériences*, Larousse, 1995.

Tom Tit, *La Science amusante 3e série. Cent nouvelles expériences*, Larousse, 1995.

La collection LE PETIT LIVRE DE

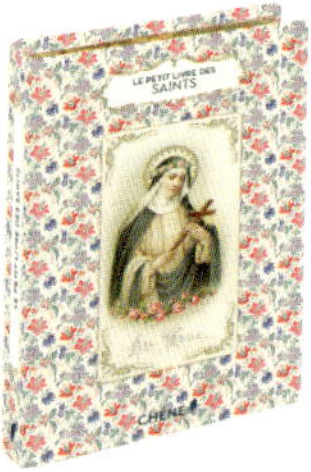

Le petit livre
des saints

Le petit livre
des saints II

Le petit livre
de la Bible

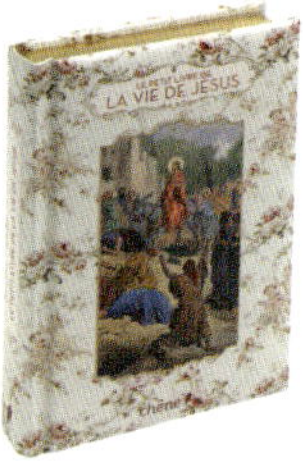

Le petit livre
de la vie de Jésus

Le petit livre
des anges

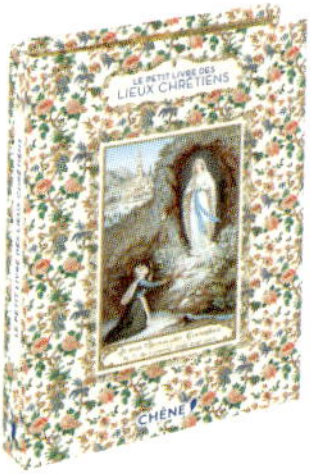

Le petit livre
des lieux chrétiens

Le petit livre
de Noël

ET AUSSI...

- Le petit livre de Marie
- Le petit livre des dieux
- Le petit livre des prières

La collection LE PETIT LIVRE DE

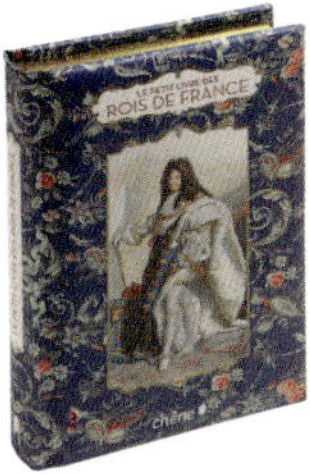

Le petit livre
des rois de France

Le petit livre
de Louis XIV

Le petit livre des
grands personnages

Le petit livre des
citations historiques

Le petit livre
de Napoléon

Le petit livre des
métiers d'autrefois

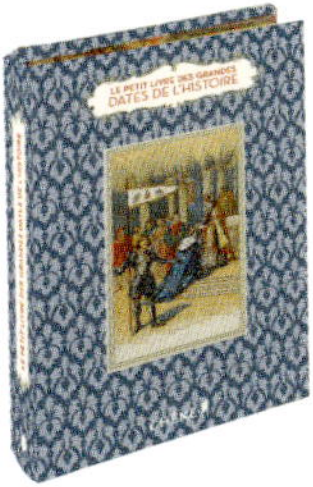

Le petit livre des grandes
dates de l'histoire

ET AUSSI...

- Le petit livre de la Révolution
- Le petit livre des Fables de La Fontaine
- Le petit livre des explorateurs

La collection LE PETIT LIVRE DE

Le petit livre des
châteaux de la Loire

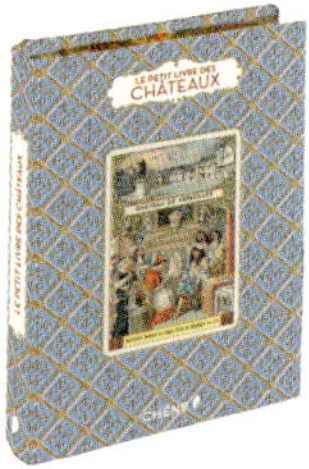

Le petit livre
des châteaux

Le petit livre
de New York

Le petit livre
de Paris

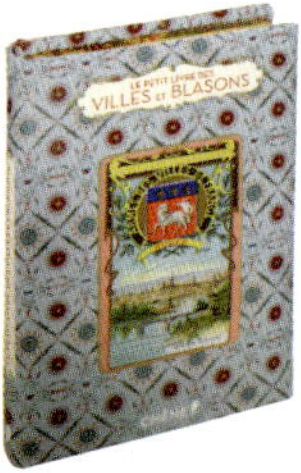

Le petit livre
des villes et blasons

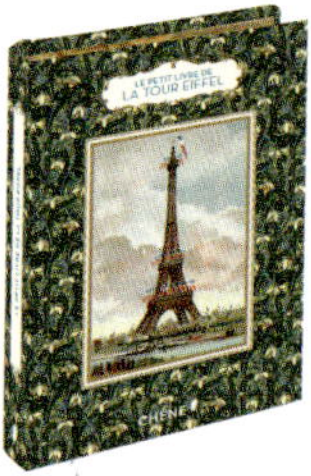

Le petit livre
de la tour Eiffel

Le petit livre
du Japon

ET AUSSI...

- Le petit livre de la Bretagne
- Le petit livre de la France gourmande
- Le petit livre des départements

La collection LE PETIT LIVRE DE

Le petit livre
des chats

Le petit livre des
expressions familières

Le petit livre
des jeux d'enfants

Le petit livre des
prénoms d'autrefois

Le petit livre
des symboles

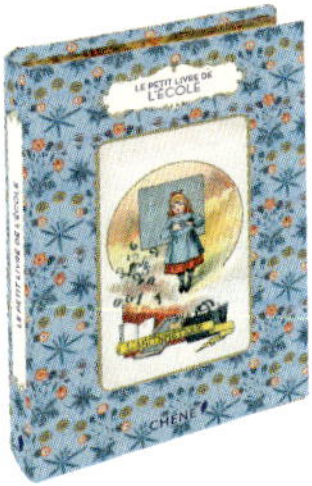

Le petit livre
de l'école

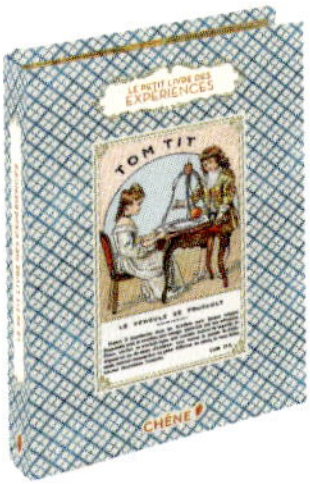

Le petit livre
des expériences

ET AUSSI...

- Le petit livre des fleurs
- Le petit livre des arbres
- Le petit livre des plantes médicinales
- Le petit livre des oiseaux

Toutes les images proviennent de la collection privée des Éditions du Chêne, sauf pp. 4, 11 © Coll. Kharbine-Tapabor. Couverture : fond : © Les Arts Décoratifs, Paris / Jean Tholance / akg-image ; plat I : © Éditions du Chêne.

www.editionsduchene.fr

Responsable éditoriale : Flavie Gaidon
avec la collaboration de Franck Friès
Suivi éditorial : Sandrine Rosenberg
Direction artistique : Élodie Palumbo
sous la direction de Sabine Houplain
Lecture-correction : Isabelle Chotel
Fabrication : Marion Lance
Partenariats et ventes directes : Mathilde Barrois
mbarrois@hachette-livre.fr
Relations presse : Hélène Maurice
hmaurice@hachette-livre.fr
Mise en pages et photogravure : CGI

Édité par les Éditions du Chêne
(58, rue Jean Bleuzen, 92178 Vanves Cedex)
Achevé d'imprimer en octobre 2015
par Toppan Leefung en Chine
Dépôt légal : février 2016
ISBN 978-2-81231-314-1
11/1930/2-01